« MON SLIP ÉTAIT TROP PETIT »

ISBN : 978-2-263-17989-1
Code éditeur : L17989
Dépôt légal : octobre 2022
Retrouvez-nous sur www.lisez.com

Solar, un département d'Édi8

Imprimé en Belgique par Graphius

« MON SLIP ÉTAIT TROP PETIT »

LES PLUS BELLES EXCUSES DES MAUVAIS PERDANTS

CHRISTOPHE DUCHIRON et **MANUEL TISSIER**

SOLAR

SOMMAIRE

PRÉAMBULE

Une fois n'est pas coutume, saluons les laissés-pour-compte de la victoire, les battus d'un souffle, les écrasés à plate couture, les malchanceux et les mal-en-point, ceux qui se distinguent en refusant de renoncer à leur certitude d'être les meilleurs.

Florilège d'excuses fantaisistes, farandole d'arguments bidon et, pour tout dire, anthologie de la mauvaise foi, ce livre rend un vibrant hommage aux mauvais perdants, ces pratiquants d'une forme de tromperie qui consiste à affirmer un propos qu'ils savent foncièrement faux ou injustifié.

De la mauvaise foi, on en trouve à toutes les époques, dans tous les pays, dans toutes les disciplines sportives (du football au cricket, en passant par le tennis, la boxe, le basket, le billard ou le lancer de fléchettes). Elle existe chez les grands champions comme chez les petits sportifs. On fera remarquer qu'en la matière les hommes surpassent les femmes. Et de loin !

On peut affirmer qu'il existe une littérature sur le sujet. L'explication tient au caractère impitoyable de la compétition sportive : les vaincus y sont beaucoup plus nombreux que les vainqueurs. En football, un seul champion du monde pour 31 équipes battues, une seule gagnante à Roland-Garros pour 127 malheureuses. Cette masse sportive à la mine défaite se divise en deux catégories. Laissons de côté les bons perdants qui reconnaissent avec humilité la supériorité de l'adversaire. Concentrons-nous sur les athlètes qui refusent de s'incliner devant l'évidence et la sanction du résultat. Essayons de les comprendre.

Pour adoucir la défaite, l'opprobre des supporters ou la honte familiale, le mauvais perdant se réfugie dans le déni. Esprit chagrin, le corps brûlant de déception, l'esprit échauffé, et il faut bien le reconnaître, la raison en berne, le mauvais perdant, en plein délire de mots, balance tout et n'importe quoi. Aux journalistes qui l'interrogent, il clame haut et fort qu'il n'a pas vraiment perdu, qu'il a dû affronter des circonstances particulières, étrangères à sa personne. Et c'est ici un autre talent, qui fait le cœur de ce livre : la merveilleuse créativité des sportifs pour apaiser la brûlure de l'échec. Dans ces dénégations en cascade, on trouve des perles : « Mon cheval est trop court sur pattes pour mes jambes qui sont trop longues ; le ramasseur de balle trop lent, la nourriture empoisonnée ; j'ai perdu à cause de la pluie qui tombe, du vent qui souffle, à l'herbe trop haute ou au gazon trop sec ; c'est la faute au ballon trop bondissant ; à la génétique qui nous a faits trop petits ; c'est la faute aux fantômes qui hantent les chambres d'hôtel, aux grenouilles qui font du bruit la nuit ; le soleil a rendu mes chaussettes trop rêches ; mon slip était trop petit... »

Le mauvais perdant ne manque pas de ressources. À sa façon, il ne s'avoue jamais battu ! Doué d'une imagination débridée, pratiquant à haut niveau l'excuse à côté de la plaque, au mieux de sa (mé)forme, il abandonne le registre technico-tactique et nous emmène sur un territoire où se côtoient le lamentable et le sublime, l'extraordinaire et l'inattendu. Énorme dans la défaite et généreux dans l'effort justificatif, tel est le mauvais perdant qui fait des phrases !

Pour autant, ne l'accablons pas. N'ajoutons pas de mauvaise humeur à sa mauvaise foi. Car les sportifs professionnels sont aussi des communicants et la défaite n'est pas bonne vendeuse. L'écho médiatique amplifie les déroutes et l'humiliation revient en boomerang en images ou en saillies cruelles. Il s'agit alors de mieux la faire passer pour la lisser et en faire une épopée et non un symptôme de faiblesse qui ferait perdre des parts de marché. C'est aussi parfois une question de survie et de santé mentale lorsque la compétition est constitutive de son identité, de son mode de vie, bref, de ses valeurs. Si l'ironie et la moquerie parcourent ces pages, nous compatissons volontiers avec ces perdants mal embouchés dont nous mesurons le désarroi : la victoire rassemble, la défaite isole. Alors ici, nous leur disons : vous n'êtes pas seuls !

Le mauvais perdant, à bien des égards, éveille en nous un enchantement. Il nous rappelle, avec maladresse certes, que le sport de compétition est un prolongement de l'enfance. Vexé comme un gamin d'avoir perdu une partie de billes ou un championnat du monde de boxe, il invente une excuse, il raconte un bobard, il nous ment et peut-être se ment-il à lui-même. Nous avons rassemblé dans ce livre les explications abracadabrantes de près d'une centaine d'athlètes. De la cour d'école aux stades remplis de supporters, ceux qui s'accrochent à leur foi au point de la rendre mauvaise contribuent à une grande comédie humaine.

En sport, à défaut de gagner, il faut savoir perdre. Et surtout savoir quoi dire ! À tous les athlètes qui cultivent le goût de la victoire, dans l'hypothèse très probable où la défaite les rattraperait un jour, nous recommandons vivement la lecture de cet ouvrage. Ils y trouveront une foule d'excuses pouvant justifier le déshonneur d'une défaite, tout ce qui exonère d'un examen de conscience. À coup sûr, ils en sortiront gagnants !

Équipe d'Afrique du Sud
Rugby

LES MOUETTES MOQUEUSES

La plus grande surprise de l'histoire de la Coupe du monde s'est déroulée le 19 septembre 2015, le jour où les Sud-Africains, qui comptent parmi les favoris de la compétition, sont battus par les Japonais. Une histoire de volatiles.

Les deux équipes ne se sont jamais affrontées mais le dénouement relève de l'évidence. L'Afrique du Sud, deux titres mondiaux, en 1995 et 2007, ne peut pas perdre contre un adversaire qui jusqu'alors n'a remporté qu'un seul match en sept participations.

Pourtant, 30000 spectateurs ébahis vont assister à la surprise du siècle. À force d'attaquer, le Japon finit par l'emporter 34 à 32 en marquant un essai à la dernière seconde. Les supporters nippons sont en larmes. Quant aux joueurs, fous de bonheur, ils accomplissent deux tours d'honneur pour célébrer une victoire qui s'inscrira dans la légende comme « le miracle de Brighton ».

Afin d'expliquer leur piètre performance, les rugbymen sud-africains accusent une escouade de mouettes, une centaine environ, de les avoir perturbés pendant la préparation de la rencontre, des mouettes si

bruyantes au-dessus de leurs têtes qu'elles les empêchent de communiquer au ras du gazon, sans parler des bombardements de fientes à répétition. Face au péril venu d'en haut, le bruit a couru qu'un faucon prénommé Georges avait été recruté pour disperser ces oiseaux de mauvais augure.

Ah, si seulement l'Afrique du Sud avait eu connaissance de ce proverbe breton : « Cris de mouettes, signe de tempête » !

Alan Pardew
Football

UNE FURIEUSE ENVIE DE BIAISER

Comme entraîneur, l'Anglais Alan Pardew a connu plus de revers que de succès. À force de justifier ses contre-performances, il est devenu un spécialiste de l'esquive et de la mauvaise foi.

La presse sportive d'outre-Manche l'a traité de charlatan. Il est vrai qu'Alan Pardew sait faire honneur à sa réputation. Après une carrière de joueur sans éclat, il a enfilé le costume de coach, multipliant les échecs qui laissent les supporters dans un flot de larmes et de lamentations.

Alan Pardew traîne certainement la plus grosse valise à excuses jamais remplie par un entraîneur. Au début de l'année 2014, alors que son équipe de Newcastle United connaît une série de déboires, il se plaint de la Coupe du monde : « Nous avons été affectés par la Coupe du monde, il n'y a aucun doute dans mon esprit », dira-t-il. Argument original car la compétition débute six mois plus tard. Pardew a décrété que certains de ses joueurs pensaient davantage à se préserver pour participer à l'épreuve au lieu de tout donner à leur club.

Pardew est une tête à clash. À Newcastle, pour justifier l'enchaînement de quatre défaites, il dénonce le rôle négatif de la presse locale. D'autres fois, c'est la faute au gazon trop haut, au vent qui souffle dans le mauvais sens, aux blessures qui accablent ses footballeurs ou au gardien de son équipe, trop nul : « Je suis convaincu que j'aurais empêché le dernier but si j'avais été dans les cages. » C'est aussi le public : « Dans notre stade, 30 000 supporters, c'est peu, il n'y avait aucune électricité dans l'air », ou l'argent, qui permet aux autres clubs d'acheter les meilleurs joueurs. Il s'en est pris à la science en clamant qu'elle était contre lui.

Rien ne l'arrête : « Nous avons été lents en fin de rencontre. La dernière saison de *House of Cards* a été diffusée la nuit dernière. Un ou deux joueurs sont restés debout toute la nuit à la regarder. Je pense que Netflix pourrait être un peu plus responsable du timing de ces choses. »

En général, Pardew quitte son poste avant la fin de son contrat, faute de résultats. Après Newcastle, il a été renvoyé de Crystal Palace, de West Bromwich Albion, puis d'un club des Pays-Bas, avant de s'exiler en Bulgarie comme directeur technique du CSKA Sofia.

Depuis près de vingt ans, la presse anglaise compile les excuses de Mister Pardew, qui déçoit rarement dans le domaine de l'énormité : « C'est toujours difficile de jouer à une date comme le 23 septembre, très proche de l'anniversaire des attentats du 11 septembre 2001. Il y a beaucoup d'émotion dans l'air. J'ai dit aux gars de rester concentrés, mais vous avez pu voir qu'ils pensaient à Oussama Ben Laden. » Chapeau l'artiste !

Alan Pardew en 2014. Quand il cherche une excuse… il trouve.

Aksel Lund Svindal
Ski alpin

VACANCE AU SKI

Quand l'un des meilleurs skieurs du monde quitte les jeux Olympiques en catimini avant une épreuve dont il est l'un des grands favoris, il laisse un vide. Et une excuse.

Avec son mètre 89 et ses 97 kilos, le Norvégien Svindal est taillé comme un sapin décoré d'une longue guirlande de victoires. On l'appelle la Flèche d'Or. Il va vite, il gagne, il plaît. Skieur au physique avantageux, il est désigné Norvégien le plus sexy du moment par un magazine féminin. Mais en 2007, le fou de vitesse chute lourdement. Bilan : un dos en compote et un visage fracturé. Trois ans plus tard, il devient champion olympique de super-G.

En 2014, aux Jeux de Sotchi, il porte le drapeau de la délégation norvégienne lors de la cérémonie d'ouverture. Un honneur. Avant une série d'échecs : 4e de la descente, 7e du super-G, 8e du super combiné. L'épreuve du slalom géant lui offre une dernière chance de glaner une médaille mais à la surprise générale il fait ses bagages et quitte le village olympique avant la course.

Mieux qu'une justification, un bulletin médical : « Il y a beaucoup d'athlètes qui ont une sorte d'allergie à quelque chose. Je pense que ça vient du béton dans l'air, des fines particules de poussière. Dès que je suis arrivé, je l'ai ressenti. Les docteurs sont au courant du problème, ils m'ont tout de suite donné un médicament contre l'allergie. Ça aide mais je suis vidé. »

Un grand vide en effet !

Alan Hansen
Football

LE VENDREDI, C'EST TRAGÉDIE

En 1989, le dernier match du championnat anglais est décisif. Le titre se joue entre Liverpool et Arsenal. Contre toute attente, Liverpool s'incline et son défenseur Alan Hansen perd l'occasion de se taire.

Alan Hansen n'a jamais oublié le 26 mai 1989. La soirée s'annonce mémorable puisque Liverpool, meilleure équipe anglaise de la décennie, va ajouter un titre de plus à son glorieux palmarès. Selon toute vraisemblance.

À Anfield, un stade aussi bouillant qu'une Cocotte-Minute, Liverpool reçoit Arsenal, le deuxième du classement qui pour finir premier doit l'emporter par deux buts d'écart. Improbable scénario d'autant qu'Arsenal n'a pas gagné chez les Reds depuis quinze ans.

0 à 0 à la mi-temps : Liverpool est champion. Arsenal marque à la 52e minute : Liverpool est encore champion. Le sponsor principal de la compétition fait descendre des caisses de champagne dans le vestiaire des Reds. On joue les dernières secondes. Le Londonien Michael Thomas récupère le ballon et inscrit le deuxième but d'Arsenal, qui devient champion d'Angleterre lors d'un des matchs les plus dingues de l'histoire.

Au moment de justifier l'inexplicable, Alan Hansen entre en scène : « On a perdu le match car la partie s'est jouée un vendredi soir et pas un samedi après-midi comme d'habitude. » Manière de dire que Liverpool était dans un mauvais jour !

Allison Pineau
Handball

SUR LE PLANCHER DES VACHERIES

En 2016, aux jeux Olympiques de Rio, l'équipe de France féminine effectue un beau parcours. En faisant abstraction de leurs deux défaites et d'une excuse bidon, elles auraient atteint la perfection.

Le 6 août, les Bleues entrent dans le tournoi avec une belle victoire face aux Pays-Bas 18 à 14. Allison Pineau, la demi-centre, ne trouve à rien à redire. Deux jours plus tard, la France affronte la Russie et s'incline 26 à 25. Cette fois-ci, Allison Pineau balance une excuse au ras des pâquerettes : « Le parquet, c'est une catastrophe. Il y a des lattes qui sont cassées, des trous des deux côtés du terrain. » Allison, qui fut élue meilleure joueuse du monde en 2009, en rajoute : « Cela met un peu les athlètes en danger. Une joueuse a failli se tordre la cheville. Moi pareil. C'est quand même inadmissible dans ce genre de compétition. » Chez les Russes, pas de plaintes concernant le parquet.

Côté tricolore, on considère aussi que le ballon du match ne valait pas mieux que le terrain. « On a dû le changer en seconde mi-temps parce qu'il glissait », s'indigne Pineau. Surmontant leur déception, les Françaises ont réussi à se qualifier pour la finale. Une fois encore, elles sont battues par les Russes, 22 à 19, mais elles repartent avec une belle médaille d'argent. À noter qu'Allison Pineau n'a formulé aucune remarque sur l'état des installations, un peu comme si le parquet, elle n'en avait tout à coup plus rien à cirer.

pris la mauvaise pilule. Au lieu d'un somnifère, j'ai pris une pilule qui vous garde éveillé. Je n'avais pas dormi de la nuit. Alors durant le combat, je me suis endormi dans mon coin. Ils ont dû me réveiller quand la cloche a sonné. Je dormais entre les rounds, et je n'allais pas trop bien non plus pendant les rounds, je dormais. »

Après la boxe, il fit l'acteur dans quelques films de guerre et de boxe. Le cinéma comique l'a ignoré. Dommage, il avait l'art de faire rire.

SÖLDEN
SÖLDEN

Bode Miller
Ski alpin

ROI SOLEIL OU PRINCE DE L'OMBRE ?

Le meilleur skieur américain de tous les temps n'éprouve aucune difficulté à descendre une piste inondée de soleil. Quand il y a des nuages, c'est une autre histoire.

À Sotchi en 2014, Bode Miller participe à ses cinquièmes jeux Olympiques. Il a 36 ans, le talent, l'expérience, la confiance et un palmarès aussi imposant qu'une montagne. Il a gagné tous les titres possibles, et, chose rare, dans toutes les disciplines. En Russie, il est venu se faire une place au soleil. Une de plus.

L'épreuve de la descente lui va comme un gant. Il termine premier de l'épreuve d'entraînement. Bref, on va voir ce qu'on va voir. Pourtant, le jour de la course, on n'a rien vu. La légende des neiges obtient une décevante 8e place. En conférence de presse, il donne un éclairage surprenant : « Je ne gagne pas quand le soleil est caché. Il y a cinq ans que je n'ai pas gagné quand le soleil était caché. » Il redoute ce qu'il appelle « le grand blanc », quand les nuages et la neige ne semblent faire qu'un. « Je devais être opéré des yeux plus tôt dans la saison. Mais je n'ai jamais trouvé le temps de le faire, à cause du calendrier des courses, trop chargé. Ça m'énerve, car ma vue est essentielle pour mon ski. »

On se dit alors qu'il exagère mais, quelques jours plus tard, il brille sous le soleil en décrochant la médaille de bronze dans l'épreuve du super-G, et il restera longtemps le plus vieux médaillé en ski alpin.

Camille Lacourt
Natation

DOPAGE, AMOUR ET FANTAISIE

En 2016, alors qu'il espère remporter un titre olympique sur 100 mètres dos, le seul qui manque à son palmarès, le Français Camille Lacourt échoue à la 5e place. Attention, une excuse peut en cacher une autre.

La déception est immense. La colère aussi. À peine sorti de la piscine, Camille Lacourt jette les Chinois avec l'eau du bassin. Il est vexé de voir son adversaire direct, Xu Jiayu, décrocher une médaille d'argent. Il fait dans l'amalgame et le sous-entendu en accusant le meilleur nageur de la délégation chinoise, Sun Yang : « Je vois le podium du 200 m, ça me donne envie de vomir. Je suis très triste de voir mon sport évoluer de cette façon. Ça me dégoûte de voir des gens qui ont triché sur les podiums. Sun Yang, le médaillé d'or, il pisse violet. J'ai l'impression de voir de l'athlétisme, avec deux ou trois dopés dans chaque finale. Ils n'ont rien à faire dans un sport, ils n'ont qu'à faire une fédération de "chargés" et ils vont s'amuser entre eux. » On pourrait reprocher à Lacourt de lancer des accusations en l'air mais, trois jours après sa sortie de bain haute en couleur, la nageuse chinoise Chen Xinyi est contrôlée positive.

En Chine, les propos de Camille Lacourt déclenchent une vague de critiques. Le voilà plongé au cœur d'un procès médiatique. On l'accuse d'être raciste. On l'insulte sur les réseaux sociaux et l'on diffuse des photomontages où le nageur français boit de l'urine violette. On lui demande s'il préfère ça au vin rouge. Du niveau de Lacourt d'école.

Une semaine passe. Un peu d'eau a coulé sous les ponts. Camille s'excuse d'avoir tenu des propos inopportuns pour expliquer sa contre-performance : « Ma déclaration sur le dopage était malvenue. La frustration de la défaite a certainement joué mais ce n'était ni le moment, ni la forme. J'ai été battu loyalement par plus fort que moi et je sais l'accepter. Je serai à jamais frustré de n'avoir pu accrocher une médaille olympique à mon palmarès mais le sport m'a procuré des émotions et joies inégalables. »

Trois ans passent. Camille Lacourt se raconte dans une autobiographie : *Cinquante nuances de bleu* (Michel Lafon, 2019). Il y révèle que sa vie privée a parfois affecté ses résultats aquatiques. « Aux Jeux de Londres, en 2012, je n'avais pas été champion olympique parce que j'étais trop amoureux de ma femme. Aux jeux Olympiques de Rio, en 2016, je ne monterai pas non plus sur le podium parce que cette femme ne m'aimait plus et que je l'aimais encore. » Il a divorcé en 2016 et mis fin à sa carrière en 2017.

Grâce au nageur Camille Lacourt, on sait désormais que les plus nobles sentiments peuvent servir d'excuses.

Chris Mooney
Football

UN MAL DE CRÂNE

Pour justifier une gaffe monumentale, le gardien de but d'une modeste équipe anglaise s'est lancé dans une explication tellement tirée par les cheveux qu'à défaut d'entrer dans le palmarès des champions, il a fait une entrée fracassante dans le classement mondial des pires excuses.

La localité de Rotherham, située au centre de l'Angleterre, possède un riche passé industriel : le charbon, la sidérurgie et la minoterie (la transformation des céréales en farine). Cette dernière activité a donné leur surnom aux joueurs du Rotherham United Football Club : The Millers (« Les Meuniers »). Depuis la création du club en 1925, les Meuniers n'ont pas donné beaucoup de grain à moudre à leurs supporters. Ils évoluent, sans brio, entre la deuxième et la troisième division.

Pourtant, le club s'est illustré, si l'on peut dire, par l'intermédiaire de son goal, Chris Mooney, connu sous le sobriquet de Mad Monkey parce que, en plein match, il lui arrive de se suspendre à la barre transversale comme un singe à une branche.

Le jour où Mad Monkey a encaissé un but en laissant passer un ballon a priori inoffensif entre ses jambes, sa bourde a pris place dans l'histoire du club. Après coup, il a expliqué qu'il avait été aveuglé par le soleil qui se reflétait sur le crâne chauve de son défenseur central Nick Smith ! On ne voudrait pas lui rendre la Mooney de sa pièce, mais si c'est de l'humour, c'est drôle ; si c'est une excuse, c'est encore plus drôle ; si c'est la vérité, c'est à mourir de rire.

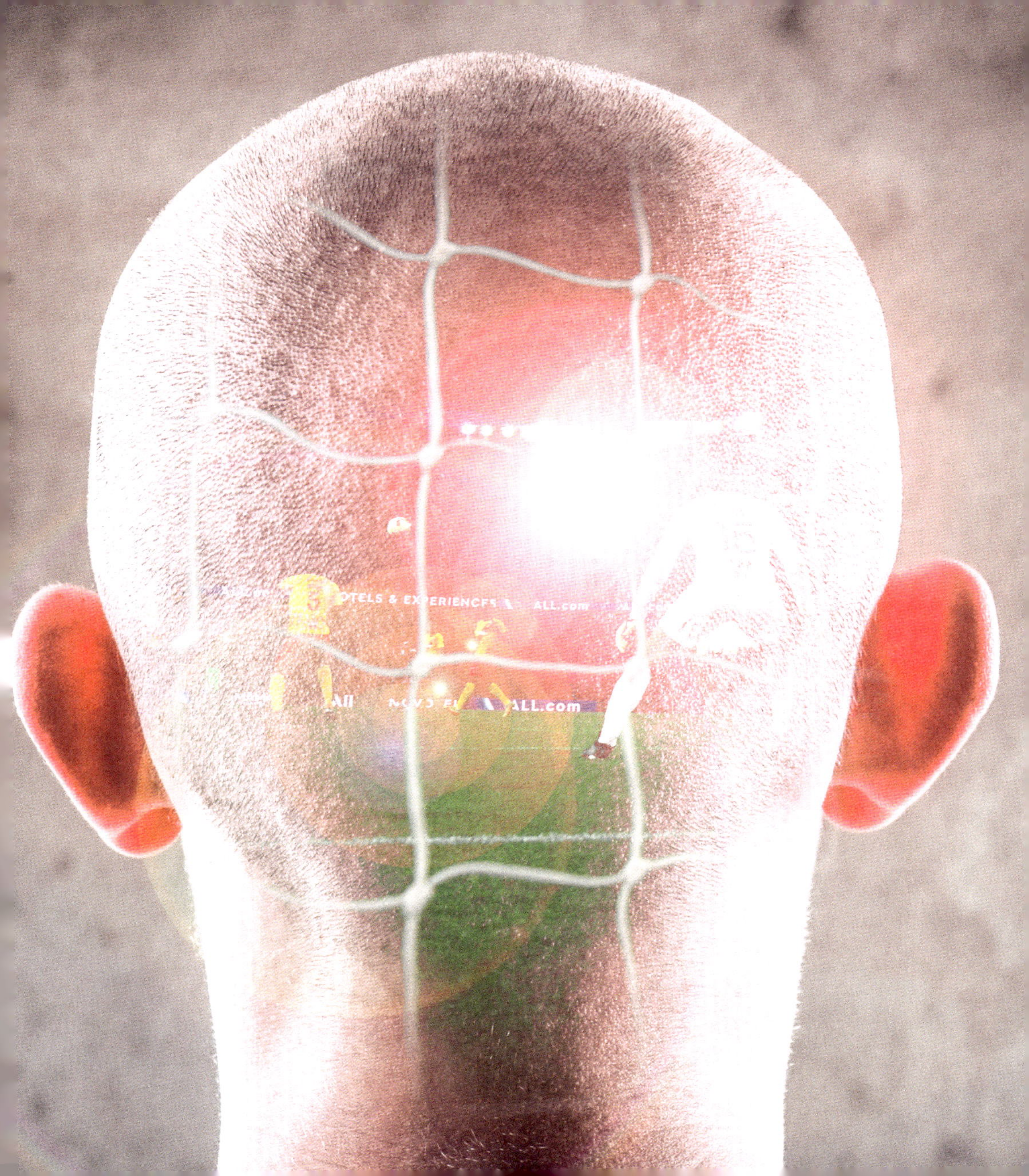
ALL.com

Cristian Panucci, Francesco Totti
Football

LES CHAUSSETTES DE PANUCCI SONT-ELLES RÊCHES, ARCHIRÊCHES ?

Lorsque des footballeurs se mettent à parler chiffons au lieu de causer tactique, on peut parier que le match n'a pas tourné à leur avantage.

Le 14 juin 2004, au championnat d'Europe, l'Italie affronte le Danemark. La rencontre se joue à Guimarães, au nord du Portugal, par une température qui avoisine les 35 degrés. Score final 0 à 0. Les Danois, pourtant peu habitués aux chaleurs caniculaires, ne cherchent pas d'excuses. Les Italiens s'en prennent au soleil. Du coup, ce match sans relief va passer à la postérité.

Il faut croire que le défenseur Cristian Panucci avait le moral au ras du gazon : « Mes chaussettes étaient trop dures, j'avais des ampoules aux talons qui m'empêchaient de courir correctement. » Son compère, l'attaquant Francesco Totti, a dû sortir du terrain en première période. Une blessure ? Non, un problème de chaussures en surchauffe : « C'était comme avoir les pieds

sur du sable brûlant, expliquera-t-il. C'était très douloureux. J'avais une ampoule à chaque pied. » Faut-il en conclure que les Italiens marchent à côté de leurs pompes ?

Heureusement, le milieu de terrain Gattuso a, lui, les pieds sur terre : « Ne me faites pas rire à propos de cette histoire avec les chaussettes. Les Kenyans courent des centaines de kilomètres pieds nus. » Il voulait sans doute nous faire comprendre qu'au sein de l'équipe d'Italie, il y avait beaucoup d'ampoules, mais peu de lumières.

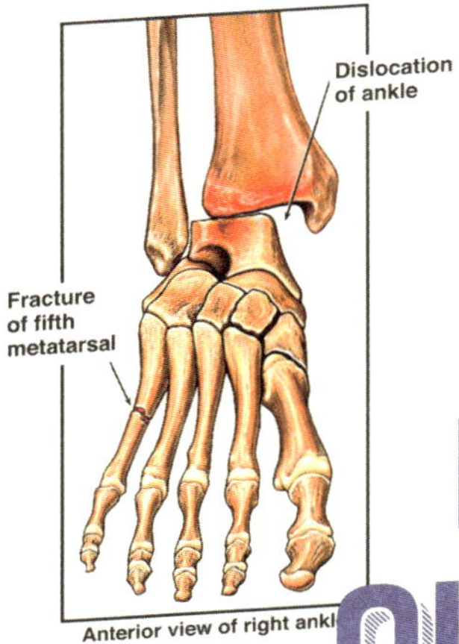

David Haye
Boxe

LE BOXEUR QUI PERD PIED

Pas aussi légendaire que le nez de Cléopâtre ou le talon d'Achille, le petit orteil de David Haye est certainement le plus célèbre de l'histoire de la boxe.

Le 4 juillet 2011, lors du championnat du monde des poids lourds, le robuste Anglais est opposé à l'Ukrainien Wladimir Klitschko, encore plus robuste. Avant même la rencontre, Haye a déjà remporté le titre des lourdingues : il multiplie les injures et arbore un tee-shirt à son effigie tenant à deux mains les têtes décapitées de Klitschko et de son frère, boxeur lui aussi.

Sur le ring, à Hambourg, Haye est surclassé par son adversaire. « Il avait peur de m'affronter, a commenté Klitschko après le combat. Je m'attendais à un plus grand défi mais il était extrêmement défensif. » Haye se justifie : « Je ne pouvais pas m'appuyer sur ma jambe gauche parce que je me suis cassé un orteil à l'entraînement. » Les commentateurs n'en croient pas leurs oreilles. « Je pensais que l'adrénaline allait m'en sortir, mais c'était difficile, poursuit Haye. C'est incroyablement frustrant. Nous pensions nous retirer il y a trois semaines, mais nous ne pouvions pas, avec tous ces fans d'Angleterre venus ici. »

Le lendemain se tient une conférence de presse. Haye, l'orgueil blessé, monte sur la table et montre l'orteil en question aux journalistes. Mais le mal est fait. Avec son histoire de doigt de pied fracturé, il a livré la plus grande des petites excuses.

Équipe de France
Rugby

HISTOIRE D'EAU

Le 16 novembre 2003 à Sydney, en demi-finale de la Coupe du monde, les Bleus affrontent un adversaire de taille : la météo.

Jusqu'alors, la France a fait belle impression. Elle rêve d'un couronnement planétaire. Simplement, avant d'accéder à la finale, il faut battre l'Angleterre. En bons stratèges, les Français ont tout prévu. Depuis une semaine, ils travaillent la vitesse et le contournement de la défense adverse.

À l'issue du match, c'est « Waterleau ». Sous la pluie, la France a perdu sa grande bataille 24 à 7. « Aujourd'hui, la meilleure équipe a gagné mais les conditions climatiques étaient en notre défaveur », avance le capitaine Fabien Galthié. « On n'a pas su gérer sous la pluie. À mon sens, on n'était pas prêts pour faire un peu moins de jeu », souligne le pilier Jean-Jacques Crenca. « Nous avions prévu de jouer en déployant sur les ailes et tout le travail a été annulé par le temps. Leur jeu convient plus à la pluie », note le deuxième ligne Fabien Pelous. Jamais à court d'une vacherie, l'entraîneur anglais rétorque : « Il pleut aussi en France, j'y suis allé en vacances. »

Face à une équipe attentiste, les Bleus ont pris des risques et multiplié les fautes. Jonny Wilkinson, l'artificier du XV d'Angleterre, en a profité pour inscrire 5 pénalités et 3 drops. Ce jour-là, pour les vaincus, la pluie avait un goût de larmes.

Gary Sprake, le nez dans le gazon.
Une excuse trop grasse pour être vraie.

Gary Sprake
Football

COUVERT DE BOUE

Toute erreur du gardien de but se remarque autant qu'une tache de confiture sur un smoking blanc. Pour laver son honneur, il a tendance à chercher une bonne excuse. Parfois, il trouve.

Gary Sprake est décédé en 2016 à l'âge de 71 ans. Il a été le goal de Leeds United et la légende prétend qu'il était nul, que des ricanements retentissaient à l'énoncé de son nom. La vérité, c'est qu'il fut l'un des meilleurs gardiens de sa génération. Seulement, il a commis quelques erreurs monumentales au cours de matchs très importants. Sa réputation en a souffert et les mauvaises langues l'ont inscrit dans l'histoire comme un gaffeur.

En 1967 contre Liverpool, il s'apprête à lancer le ballon à un partenaire, il se ravise au dernier moment mais, emporté par son élan, il opère un demi-tour sur lui-même et le propulse directement dans ses propres filets.

Le 11 avril 1970, finale de la Coupe d'Angleterre, Leeds United contre Chelsea. 100 000 spectateurs. La pelouse est dans un état lamentable car une semaine auparavant un spectacle hippique a transformé le gazon londonien en champ de patates.

41e minute de jeu. Tir de Chelsea. Le ballon passe entre les bras de Gary Sprake, roule sous son ventre et entre dans le but. Sprake dira que le terrain était trop gras. Match nul, 2 partout. Pour départager les deux équipes, le match sera rejoué deux semaines plus tard. Chelsea l'emporte 2 à 1. Ce jour-là, Gary n'a commis aucune erreur. Il ne jouait pas !

Iker Casillas
Football

FEMMES FATALES

Lorsque la meilleure excuse du gardien de but pris en flagrant délit d'erreur, c'est la femme, on peut en déduire que le monde du foot ne tourne pas rond.

En 2010, en Afrique du Sud, les Espagnols jouent leur premier match en Coupe du monde contre la Suisse. Ils sont largement favoris car jamais, en dix rencontres, ils n'ont perdu face aux Helvètes. Ils s'inclinent 1 à 0. Sur l'action qui mène au but, le gardien Iker Casillas n'est pas exempt de tout reproche. Où le fautif avait-il la tête ? Ailleurs, de toute évidence.

Selon des journaux anglais aussi sérieux que *The Guardian* ou *The Times*, il a été distrait par la présence de sa compagne au bord du terrain, un endroit que la jeune femme a le droit d'occuper en qualité de reporter à la télévision espagnole.

Sara Carbonero est très connue en Espagne, « notamment sa plastique », souligne *Elle*, le magazine féminin. En 2009, elle a été élue journaliste sportive la plus sexy du monde. Contrairement aux épouses et compagnes des joueurs espagnols, toutes interdites de séjour par l'encadrement, Sara est présente auprès de son concubin en raison de son métier.

L'amour (vache) étant plus fort que la déontologie, elle interroge Iker, face caméra, après la défaite : « Comment avez-vous réussi à gâcher ce match ? » L'amoureux bredouille : « Je ne sais pas quoi dire. Je ne sais pas si cette défaite laissera des traces. »

Sara, responsable du fiasco ibérique ? Voilà une accusation que les médias espagnols rejettent comme un seul homme et ils invitent la presse anglaise à balayer devant sa porte. En effet, le 12 juin 2010, pour son entrée dans la compétition, l'Angleterre concède un match nul, un partout, face aux États-Unis. Le gardien Robert Green s'illustre en laissant le ballon filer dans ses buts alors que l'arrêter aurait été d'une simplicité enfantine. Les supporters sont accablés. Les journaux populaires se déchaînent. Son entraîneur Fabio Capello a trouvé une coupable en la personne d'Elizabeth Minett. Cette grande jeune femme blonde d'origine canadienne, mannequin à ses heures, a quitté Robert Green juste avant le début de la Coupe du monde. Minett aurait miné le moral de son chéri. Le goal gaffeur ne sera plus titulaire.

Lors de cette Coupe du monde où les femmes et les gardiens de but n'ont pas toujours le beau rôle, l'Angleterre est éliminée en huitièmes de finale alors que l'Espagne d'Iker Casillas va remporter la compétition. Gagné par l'émotion, Iker livre ses premiers mots à Sara Carbonero puis l'embrasse sur la bouche en direct devant des millions de téléspectateurs. Cette fois, le gardien de but a réussi sa sortie.

Iker Casillas et Sara Carbonero,
un couple avec des hauts et des coups bas.

Jean-Michel Aulas
Football

AULAS ! Ô DÉSESPOIR ! Ô BÊTISE ENNEMIE !

En novembre 2010, l'Olympique Lyonnais s'incline 3 à 0 sur le terrain de Schalke 04. Une défaite qui ne souffre aucune discussion. Sauf pour le président de l'OL qui trouve à redire. Sans faire dans la demi-mesure.

Au match aller, en phase de poule de la Ligue des champions, Lyon s'est imposé 1 à 0. Petit dans la victoire, son président Jean-Michel Aulas va se montrer minuscule dans la défaite. En Allemagne, les Lyonnais sont dominés de la tête et des épaules et sans l'excellente prestation de Hugo Lloris, leur gardien de but, la soirée aurait tourné à la débâcle.

Vexé par le franc succès de l'adversaire, Aulas manie perfidement le sous-entendu : « C'était un peu trop gros ! Les Allemands n'étaient pas comme à l'aller, ils couraient beaucoup plus vite et beaucoup plus longtemps. Je ne sais pas quelle préparation ils ont suivie, mais leur condition physique était impressionnante. On voit que les joueurs ne sont pas toujours à armes égales. » Faisant preuve d'une finesse de pachyderme, il veut nous faire comprendre que les Allemands étaient dopés. « Ce qu'il prétend est une pure idiotie », rétorque un joueur qui évolue à Schalke 04. Quelques mois auparavant, Monsieur Aulas avait formulé de pareilles insinuations après une défaite lyonnaise contre le Bayern Munich. Sans avancer, déjà, la moindre preuve. Jamais en retard d'une polémique : Aulas ! Deux fois hélas !

Les Lyonnais à terre.
Les Allemands trop forts.

Kenny Dalglish
Football

UNE EXCUSE (TROP) GONFLÉE

Pour expliquer la contre-performance de son équipe, l'entraîneur de Newcastle s'en est pris à l'acteur le plus neutre du match : le ballon.

Kenny Dalglish appartient à la légende du foot britannique. Écossais d'origine, attaquant brillant adoré du public, il a fait une fantastique carrière de joueur à Liverpool. Entre 1997 et 1999, il entraîne Newcastle.

Le dimanche 25 janvier 1998, au 4ᵉ tour de la Coupe d'Angleterre, son équipe se déplace sur le terrain de Stevenage, un club de 5ᵉ niveau. Choc des cultures et des millions, le duel semble inégal. À Stevenage, une cité située à une heure de route au nord de Londres, 8000 supporters s'entassent dans un stade qui compte 6 700 places.

Dalglish respire la confiance lorsque Newcastle ouvre le score après trois minutes de jeu grâce à sa vedette Alan Shearer, l'avant-centre de l'équipe d'Angleterre. Surprise ! Stevenage égalise avant la mi-temps. Score final un partout. Pas une défaite mais un genre de déroute. Dalglish est abattu : « Le ballon qui rebondit trop, le terrain pourri, le vent, les conditions leur convenaient plus qu'à nous. »

Lors du match d'appui disputé à Newcastle, ses joueurs s'imposent 2 à 1 et se qualifient pour le tour suivant. Quatre mois plus tard, ils disputent la finale mais s'inclinent contre Arsenal 2 à 0. Il n'empêche, le ballon bondissant vaudra à Dalglish une entrée fracassante dans l'histoire des pires excuses de tous les temps.

All Blacks
Rugby

COMME UN POISON DANS L'EAU

En 1995, en finale de la Coupe du monde, l'Afrique du Sud bat la Nouvelle-Zélande 15 à 12. Les All Blacks sont certains d'avoir été empoisonnés. Info ou intox ?

24 juin 1995. L'Afrique du Sud a l'avantage de jouer à Johannesburg, dans un stade plein à craquer et sous les yeux de son président, Nelson Mandela, qui sait mieux que quiconque qu'une victoire sud-africaine symboliserait le renouveau d'un pays déchiré par des décennies d'apartheid. Mais qui peut imaginer les Springboks s'imposer face aux All Blacks ? Depuis le début de la compétition, les Néo-Zélandais écrasent la concurrence avec, en fer de lance, Jonah Lomu, trois-quart aile monumental que sa puissance et sa vitesse catapultent au rang de première star mondiale du rugby.

À la surprise générale, les All Blacks s'inclinent (15 à 12) mais ne digèrent pas leur défaite. Et ils révèlent, après match, une curieuse affaire : deux jours avant la finale, dix joueurs auraient été victimes d'une

intoxication. L'entraîneur néo-zélandais met un détective sur le coup, mais c'est un coup d'épée dans l'eau.

Cette trouble histoire rebondit finalement en… 2016 ! Un ancien commandant de police sud-africain qui assurait la sécurité des All Blacks pendant la Coupe du monde confirme la thèse de l'empoisonnement. Selon lui, c'est l'eau qui serait en cause. Il n'a pas de preuve mais il met en cause le lobby des bookmakers car les paris donnaient les Blacks largement favoris !

Lighton Ndefwayl
Tennis

LA DÉFAITE DU SLIP

La plus belle façon d'inscrire son nom dans la légende tennistique, c'est de remporter un grand tournoi ou de figurer en tête du classement mondial. Néanmoins, on peut passer à la postérité en racontant n'importe quoi après un match.

En Zambie, il est difficile pour les tennismen de se faire une place au soleil. Dans ce pays d'Afrique australe, le foot est roi et la renommée de l'équipe nationale est grande. Le tennisman le plus connu des Zambiens, c'est Roger Federer dont la fondation, depuis 2019, finance l'éducation des enfants pauvres. Roger est l'idole des jeunes.

Les Zambiens se souviennent-ils des coups de raquette de Lighton Ndefwayl ? Pas sûr. En 1992, Lighton, âgé de 19 ans, est pourtant le meilleur joueur du pays. Lors d'un tournoi local, il s'incline face à son compatriote Musumba Bwayla. Ivre de déception, Lighton livre au journaliste du *Times* l'une des excuses les plus invraisemblables de l'histoire du sport : « Il m'a battu parce que mon slip était trop serré et parce que quand il servait il pétait. Ça m'a fait perdre ma concentration, pour laquelle je suis connu à travers la Zambie. » Puis, de l'explication « poétique », il passe à l'insulte : « Bwayla est un homme stupide et un joueur sans espoir. Il a un nez énorme et louche. Les filles le détestent. »

Cette saillie verbale lui vaut depuis de figurer dans toutes les anthologies de la mauvaise foi. Il est devenu, grâce à son slip, une sorte de célébrité planétaire.

Mervyn King
Fléchettes

L'AIR MAUVAIS

Aux championnats du monde de fléchettes en 2003, Mervyn King s'incline en demi-finale contre le Néerlandais Raymond van Barneveld. Son excuse nous incite à penser qu'il ne manque pas d'air.

Né en 1966, les cheveux ras, un bijou à l'oreille, des chaînes brillantes à son cou, Mervyn King traîne dans le milieu des fléchettes une réputation de roi des casse-pieds. En compétition, c'est le genre à faire du bruit pour empêcher son adversaire de se concentrer. Ou alors il prétend que la distance entre la zone de lancer et la cible n'est pas valide. Les officiels mesurent. Mervyn a tort. Bref, ce type est un bureau des plaintes à lui seul.

En mai 2003, la partie qui l'oppose à Raymond van Barneveld se dispute dans une chaude ambiance. Les supporters de Mervyn sont coiffés d'une couronne en plastique qui honore leur champion, ceux de Raymond portent leur tenue traditionnelle, couleur orange. Raymond prend un meilleur départ. Mervyn s'énerve et lance une attaque atmosphérique contre les organisateurs. « J'ai demandé que la climatisation soit éteinte, car mes fléchettes n'avaient pas leur trajectoire habituelle. » On lui répond que l'air conditionné n'a pas fonctionné depuis le début de la rencontre. Réplique de Mervyn : « La climatisation n'affecte pas Raymond parce qu'il lance une fléchette plus lourde et très plate. » Mervyn a perdu la rencontre. Il a perdu, surtout, l'occasion de se taire.

Mohamed Al-Fayed
Football

LA FAUSSE NOTE DU ROI DE LA POP

Pour expliquer une relégation en division inférieure, il est habituel de mentionner les mauvais résultats, la malchance, l'entraîneur, les blessures ou la météo. Une statue de Michael Jackson, c'est original !

En 1997, Mohamed Al-Fayed devient le nouveau propriétaire du Fulham FC, club londonien fondé en 1879. Déjà propriétaire du magasin Harrods à Londres et de l'hôtel Ritz à Paris, le milliardaire d'origine égyptienne investit à coups de millions pour faire d'un club modeste une vitrine clinquante du foot anglais.

En 1999, l'excentrique Al-Fayed invite son ami Michael Jackson à regarder un match au Craven Cottage et, ce jour-là, Fulham l'emporte 2 à 0. Le président du club considère que Mickael Jackson est un porte-bonheur. D'autant que, deux ans plus tard, le club accède à la Premier League après 33 saisons de vaches maigres.

Pour honorer la mémoire du roi de la pop disparu en 2009, Mohamed Al-Fayed fait ériger sa statue devant le stade. Un monument kitsch qui déclenche la rage des supporters pour qui le chanteur n'a rien à voir avec le ballon rond.

En juillet 2013, Al-Fayed vend le club à l'homme d'affaires américano-pakistanais Shahid Khan. Illico, ce dernier déboulonne la statue et la rend à Al-Fayed qui le met en garde : « C'est un porte-bonheur, tu le regretteras plus tard. » L'année suivante, le club est relégué en deuxième division. Mohamed Al-Fayed l'avait dit, il ne fallait surtout pas toucher à la statue, qui fut pour les supporters, pire qu'une fausse note, une faute de goût !

Paula Huhtaniemi, Kirsi Valasti, Sari Multala
Athlétisme, voile

FINNOISERIES

À l'occasion des JO d'Athènes en 2004, les médias finlandais ont critiqué la pire performance olympique du pays, tournant en ridicule les justifications des athlètes.

Le bilan est maigre : deux médailles de bronze (l'une en lutte gréco-romaine et l'autre en tir à la carabine) alors que, depuis 1908, la Finlande a toujours rapporté au moins une médaille d'or. Les journalistes se déchaînent d'autant que certaines sportives font preuve d'une mauvaise foi accablante.

La lanceuse de javelot, Paula Huhtaniemi, 31 ans, se classe à la 28e place, avec un jet à 56,88 mètres, environ 15 mètres de moins que la Cubaine qui a triomphé. Paula est aussi une lanceuse de paroles en l'air : « J'ai été surprise par les dimensions. Le stade était trop grand. Je ne pouvais pas diriger le javelot correctement. »

En course à pied, Kirsi Valasti, 34 ans, est éliminée en série du 5000 mètres. Elle s'en prend à la masseuse qui s'occupait d'elle avant l'épreuve : pas assez performante. Tout s'explique : elle termine à 28 secondes du dernier temps de qualification pour la finale.

La navigatrice Sari Multala, 26 ans, a de sérieux espoirs de médaille dans la catégorie dériveur solitaire. Si elle n'obtient qu'une 5e place, dira-t-elle, c'est qu'elle a été ralentie par un sac en plastique qui s'est coincé à l'arrière de son bateau.

Un journal écrira que la Finlande a dominé un seul événement : la recherche d'excuses !

Pierre Duprat, Priscilla Gneto, Walide Khyar
Judo

TATAMI LA MISÈRE

Avant les médailles d'or de Teddy Riner et Émilie Andéol, le judo français faisait grise mine aux Jeux de Rio. Éliminé prématurément du tournoi olympique, Pierre Duprat remporte le titre de la contestation. Il n'est pas le seul.

Avant d'être un sport, le judo est un art martial. Il a ses règles et son code moral qui repose, entre autres, sur la politesse, l'honneur, le contrôle de soi et le respect. Certains judokas tricolores ont commis l'erreur de l'oublier.

Pour Pierre Duprat, le 8 août 2016 est à marquer d'une pierre noire. Lui qui rêvait d'or, il s'incline en moins de 73 kilos, au deuxième tour de la compétition, après avoir reçu une pénalité pour manque de combativité. Face aux micros, il retrouve son agressivité : « L'arbitre a gâché quatre ans de ma vie. Il ne connaît rien au sport de haut niveau. J'ai dominé le match. J'ai produit, j'ai attaqué le premier. Je trouve ça lamentable d'être arbitré comme ça. » Face à ce mur de lamentations, le directeur technique national du judo remet son judoka à sa place : « Je ne veux pas entendre parler d'arbitrage. Ça fait partie du jeu, les arbitres sont des êtres humains, ils peuvent commettre des fautes. La victoire, ce sont les combattants qui la détiennent. Ceux qui gagnent ici n'ont pas besoin de l'arbitrage. Oui, j'en veux à Pierre ; ça, je ne veux pas l'entendre. » Malheureusement, les oreilles du responsable français n'ont pas fini de siffler.

Dans la catégorie des moins de 52 kilos, Priscilla Gneto est tombée de haut pour finir bien bas. Elle visait l'or mais elle est éliminée dès le premier combat après disqualification. Les juges ont estimé qu'elle avait touché les jambes de son adversaire avec les mains. Ce qui est toléré une fois mais pas deux. « Je ne comprends pas, je suis triste d'avoir perdu sans comprendre pourquoi. J'estime qu'à aucun moment je n'ai attrapé le pantalon. Je fais tout pour ça… et on me disqualifie », déclare en sanglots celle qui était médaille de bronze aux Jeux de Londres en 2012. Selon le président de la Fédération française de judo, il n'y a pas de scandale : « Elle touche bien deux fois la jambe. »

Pour finir sur une mauvaise note, le jeune Walide Khyar, en moins de 60 kilos, est éliminé au deuxième tour, dans les dernières secondes du combat. Ne voulant se résoudre à la défaite, il demande l'intervention de l'arbitrage vidéo, ce qui est rarissime venant d'un judoka. Le ralenti ne laissera aucun doute : Khyar a bien mérité d'être battu. Ces judokas auraient mieux fait de s'agiter sur le tatami carioca plutôt qu'en accusations excessives transformant, à leur détriment, les Jeux de Rio en grand carnaval.

Richard Gasquet
Tennis

UN HOMME EN FLAGRANT DÉNI

Né en 1986, Richard Gasquet est l'un des meilleurs tennismen français de l'histoire. Joueur précoce, numéro 1 mondial chez les juniors et, à ses heures, numéro 1 mondial de la bêtise.

Il possède l'un des plus beaux revers à une main du circuit et, pour dénicher des arguments fallacieux, il compte parmi les meilleurs joueurs de la planète. Quand il perd, ce Richard cœur d'artichaut s'en prend aux balles trop lourdes, au soleil qui éblouit, à l'adversaire qui joue trop bien. On se rappelle aussi, en 2009, l'excuse du baiser à la cocaïne avec une fille en boîte de nuit pour échapper à une accusation de dopage.

En mai 2011, à Madrid, il dispute un tournoi important qui réunit le tableau masculin et le tableau féminin. Richard occupe alors le 16e rang mondial mais il s'incline, dès le premier tour, face à l'Espagnol Daniel Gimeno-Traver, 61e au classement. Face aux journalistes, Gasquet monte à la volée et rate son coup. Il met en cause l'organisation du tournoi : « C'est pourri. Il n'y a pas de courts pour s'entraîner, il y a trop de monde. » Dans son esprit, s'il y a trop de monde, c'est qu'il y a trop de femmes : « Chaque fois qu'il y a un tournoi masculin et féminin, il faut regarder l'audience. Il n'y a personne chez les filles alors que, chez les mecs, il y a beaucoup de monde. »

Si vous cherchez un joueur de classe mondiale qui manque de classe, appelez Richard !

Charlie Georges,
vainqueur de la Cup
et couvert de gloire.

Emlyn Hughes
Football

ET TA SUEUR ?

L'expression « mouiller le maillot » trouve tout son sens à l'occasion de la finale de la Coupe d'Angleterre disputée entre Arsenal et Liverpool en 1971. Ce jour-là, la chaleur écrase les vaincus mais pas les vainqueurs.

En ce 8 mai ensoleillé, le stade de Wembley à Londres accueille 100 000 spectateurs dans une chaude ambiance. Une semaine avant la finale, Arsenal a remporté le championnat. Ajouter une victoire en Coupe serait un exploit.

Ce match sent la poudre et la sueur. Les joueurs dépensent une folle énergie, à commencer par Emlyn Hugues, défenseur de Liverpool, surnommé Cheval Fou en raison de son impétueux tempérament. 0 à 0 à la fin du temps réglementaire. Pour départager les deux équipes, il faut jouer les prolongations.

Comme les autres, Emlyn Hughes en a plein les chaussettes mais le bonheur efface la fatigue lorsque Liverpool ouvre le score. Neuf minutes plus tard, Arsenal égalise. Celui qui va donner la victoire aux Londoniens s'appelle Charlie George, 20 ans, les cheveux longs, une dégaine de guitariste de rock.

Il dispute sa première finale et célèbre son but d'une façon originale. Ce qui fait dire à un supporter : « Ai-je vu Jésus-Christ de retour sur Terre ? – Non, lui répond son copain, c'est Charlie allongé les bras en croix sur le gazon de Wembley. »

Emlyn Hughes prétendra que la défaite de Liverpool s'explique par le tissu des maillots qui étaient trop épais et alourdis par la sueur. Une excuse qui transpire la mauvaise foi !

Rory McIlroy
Golf

UNE DENT CONTRE LUI

Un golfeur aux dents longues cherche une idée pour justifier un parcours catastrophique. Il va la trouver au fond de sa mâchoire.

Rory McIlroy passe pour le golfeur le plus doué de sa génération depuis Tiger Woods. Vainqueur de plusieurs compétitions majeures comme l'US PGA, ce Nord-Irlandais catholique occupe, début 2013, le rang de numéro 1 mondial.

Au mois de mars, au deuxième jour du tournoi de Palm Beach Gardens, il enchaîne les mauvais coups et finit par envoyer sa balle dans l'eau. Fou de rage (de dent), il abandonne sans raison apparente. Le jour même, il s'explique dans un communiqué : « J'ai souffert d'une dent de sagesse qui devrait pousser prochainement. Pendant la nuit, j'ai dû prendre un médicament. Mais ce matin, les douleurs sont revenues et j'étais tout simplement incapable de me concentrer. »

La vérité, c'est que Rory McIlroy, après avoir tutoyé les sommets, peine à gérer sa gloire naissante et accumule les performances indignes de son statut. Il a changé d'équipementier en signant un contrat mirobolant de 2 millions de dollars. Quelques jours plus tard, il a des remords : « Ce que j'ai fait n'est pas bon pour le tournoi, pas bon non plus pour les enfants ni pour les fans qui sont venus me voir ! » Au lieu d'avouer que le doute l'habite, il a menti comme un arracheur de dents. Et ça fait mal !

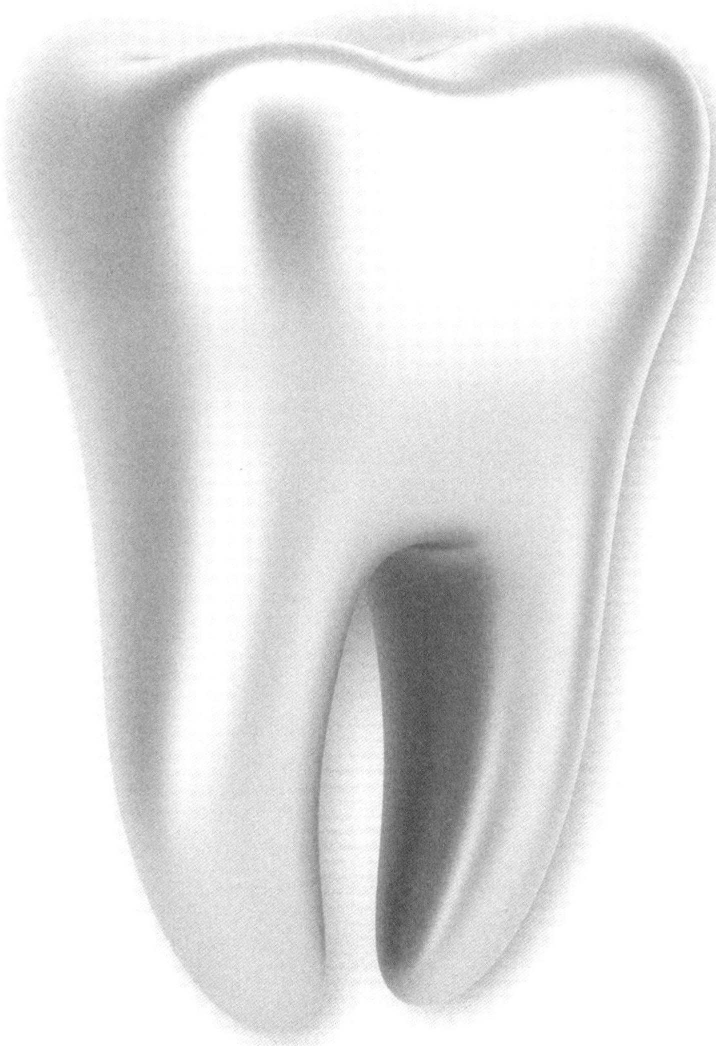

Roy Jones
Boxe

UN PÈRE ET PERD

En 2005, à Tampa Bay en Floride, l'Américain Roy Jones Jr affronte son compatriote Antonio Tarver pour le titre de champion du monde des poids mi-lourds. L'affiche du combat annonce « Pas d'excuse ». Roy Jones Jr va pourtant en trouver une !

À la tête d'une fortune évaluée à 45 millions de dollars et reconnu comme l'un des meilleurs boxeurs de tous les temps, Roy Jones Jr croise les gants avec Tarver pour la troisième fois. Une victoire chacun. Pour ce match capital, Roy Jones Jr, 36 ans, a rappelé son père, Roy Jones Sr, à ses côtés. Entre ces deux caractères bien trempés, c'est toute une histoire. Le père voulait faire du fils un champion et l'a éduqué à la dure, abusant de violences physiques et verbales. En 1992, le fils coupe les ponts avec ce paternel écrasant, ex-marine, vétéran du Vietnam, ancien boxeur, ingénieur en aéronautique et éleveur de porcs !

Face à Tarver, Roy Jones Jr, en fin de carrière, décide qu'il est temps de mettre fin aux querelles de famille. Malheureusement, entre les rounds, au moment de prodiguer des conseils, son père, beaucoup trop démonstratif, se chamaille avec son entraîneur.

Roy Jones Jr s'incline aux points : « Si j'avais gagné ce combat, qui, à votre avis, obtenait la gloire ? demanda-t-il au journaliste qui l'interviewait. Pas moi. Pas Dieu. Toute la gloire serait revenue à Roy Jones Sr, et il ne la méritait pas. » Comme on dit chez les boxeurs, une curieuse mise aux poings !

PÈRE
FILS

Sander Westerveld
Football

FAIT D'HIVER

En Angleterre, il est de tradition que les footballeurs disputent une journée de championnat au lendemain de Noël. En ce jour particulier, le Boxing Day, certains joueurs offrent des cadeaux à l'adversaire, et servent des explications farfelues aux journalistes.

Le 26 décembre 2000, Liverpool se déplace à Middlesbrough. Il fait un froid de canard. Sander Westerveld garde les buts de Liverpool. Ce grand gaillard néerlandais a été recruté l'année d'avant pour remplacer David James, trop gaffeur et trop porté sur les jeux vidéo. À 24 ans, Westerveld est devenu le goal le plus cher de l'histoire du foot britannique. Après une première saison exemplaire, les affaires se gâtent, dans un mélange de malchance et de maladresse.

41e minute. Westerveld tente de repousser un tir. Le ballon rebondit sur sa main puis sur son visage avant d'atterrir dans les pieds d'un joueur adverse qui se contente de le renvoyer tranquillement dans les filets. Liverpool s'incline 1 à 0.

Westerveld a de la suite dans les idées. Il réfute l'erreur grossière. Il accuse la météo. « Mes pieds et mes gants étaient trempés et il faisait incroyablement froid. Il ne semble pas que Middlesbrough ait un chauffage au sol, ce qui est dommage, car la glace collait parfois au ballon. » Les images du match montrent qu'il n'y avait ni glace ni gel. Quelques bourdes supplémentaires viendront entacher sa réputation, si bien que Liverpool le priera d'aller exercer ses talents ailleurs.

Sébastien Loeb
Rallye automobile

LES JEUX DE LA ROUE ET DU HASARD

En 2009, lors du rallye de Pologne, Sébastien Loeb, quintuple champion du monde, endommage la suspension de sa voiture. Une raison technique ? Euh, non... la faute à pas de chance.

Ce fou du volant est considéré comme le plus grand pilote de rallye de tous les temps, sacré neuf fois champion du monde, de 2004 à 2012. Il affole les compteurs autant que les palmarès.

Vainqueur des cinq premières manches, sa saison 2009 démarre sur les chapeaux de roue. Avant de connaître quelques déboires : une 4e place en Sardaigne puis un abandon en Grèce à la suite d'un spectaculaire accident, heureusement sans gravité. Arrive le rallye de Pologne. Dans la 4e spéciale, soudain, la voiture part en tonneau. Tôle froissée, suspension endommagée, orgueil chiffonné.

« Dans un virage à droite, on prend une souche à l'intérieur, un peu dissimulée dans le sable, on ne l'a pas vue. C'est la faute à pas de chance, je n'ai pas vraiment d'explication. » Sébastien Loeb reprendra la course le lendemain avec une voiture réparée et une pénalité de vingt minutes.

Il finira par décrocher son sixième titre mondial consécutif lors de la dernière manche de la saison, songeant à cette citation du dramaturge Eugène Labiche : « Les chanceux sont ceux qui arrivent à tout ; les malchanceux, ceux à qui tout arrive. »

Blackpool FC
Football

SOS FANTÔME

Aucun supporter du Blackpool Football Club n'a oublié la fin de saison « tragique » de 1996, l'année où le club rate l'accession en première division. En cause ? Un phénomène surnaturel.

Surnommés les Mandarines en raison de la couleur de leurs maillots, les joueurs de Blackpool disputent la demi-finale aller des barrages à Bradford City le 26 mai 1996. Ils s'imposent 2 à 0. À moins d'un improbable retournement de situation, le score présage d'une qualification en finale. Et permet de rêver à une accession à la division d'élite du foot anglais. Pourtant, trois jours plus tard, les Mandarines s'inclinent 3 à 0 sur leur pelouse et sont éliminés. Ce résultat catastrophique coûte sa place à l'entraîneur, considéré comme le premier responsable. Mais il en existe un autre, pour le moins inattendu : un fantôme. Et pas n'importe lequel ! Le fantôme de lord Nelson, héros de la bataille de Trafalgar, mort au combat en 1805. Apparemment, l'amiral visiterait de temps en temps la salle de réunion du Blackpool FC dont une partie des boiseries proviennent de l'un de ses bateaux, *Foudroyant*, échoué sur une plage de Blackpool en 1897. D'après le directeur du stade, l'utilisation du bois d'un navire porte malheur : « C'est une vieille superstition maritime. Cela pourrait expliquer ces événements étranges. »

Un fantôme qui s'invite dans un match de foot : on dirait le scénario d'un film d'horreur. Un vrai cauchemar, selon les supporters de Blackpool.

Nancy Swider-Peltz
Patinage de vitesse

MAUVAISE COMBINAISON

En 2014, loin de justifier son statut de favorite, l'équipe américaine de patinage de vitesse revient des jeux Olympiques de Sotchi avec un bilan catastrophique. Zéro médaille. Une excuse.

Forts d'un bilan exceptionnel qui compte 23 médailles dont 8 en or, les Pays-Bas sont à Sotchi les rois du patin. A contrario, l'Amérique se traîne. Pour la première fois depuis trente ans, aucun patineur, aucune patineuse ne monte sur le podium.

Selon Nancy Swider-Peltz, l'une des coachs, les États-Unis sont victimes de leurs combinaisons de course. D'après elle, des trous d'aération situés à l'arrière du vêtement pour permettre à la chaleur de s'échapper, créent un appel d'air qui ralentit. Ronger son frein dans une épreuve de vitesse, c'est fâcheux. En milieu de compétition, les athlètes préfèrent revêtir d'anciennes combinaisons.

S'estimant victime de la haute technologie, Nancy Swider-Peltz déclare à la télévision qu'elle a tout fait pour prévenir l'équipementier du désastre textile : « Je leur ai écrit des mails. J'ai pleuré. Je suis devenue folle. Je vais avoir des problèmes en vous le disant. Mais je m'en fiche. J'en ai marre qu'on ne me croie pas. » L'équipementier se défend : des essais en soufflerie ont été effectués auprès d'un constructeur aérien réputé, afin d'améliorer l'aérodynamisme.

Au lieu de glisser au pays des merveilles, l'Amérique enchaîne ainsi les contre-performances. Voilà ce qui arrive quand on patine en petite tenue.

Tottenham Hotspur FC
Football

L'AFFAIRE DU « LASAGNA GATE »

Match décisif, rivalité exacerbée, enjeux financiers, accusation d'empoisonnement : tous les ingrédients sont réunis pour concocter un fait divers à la sauce anglaise dont l'origine se trouve dans un plat de lasagnes.

Pour les joueurs du club londonien de Tottenham, le dernier match de la saison 2005-2006 est capital. En cas de victoire à West Ham, ils sont assurés de se qualifier en Ligue des champions, la plus prestigieuse des compétitions européennes. En revanche, un match nul ou une défaite qualifierait Arsenal, le grand rival de Londres, qui de son côté doit impérativement gagner.

La veille de la rencontre, à l'heure de passer à table, il faut choisir : lasagnes ou spaghettis sauce bolognaise ? Ceux qui ont pris lasagnes vont le sentir passer, entre le lit et les toilettes, diarrhées et vomissements. « Au milieu de la nuit, se souvient le milieu de terrain Jermaine Jenas, nous avons commencé à tomber comme des mouches. C'était le chaos. » Dix joueurs sont mal en point dont 7 titulaires. À 5 heures, on réveille Martin Jol, le manager de l'équipe. Il fait le tour des chambres et recense les forces valides. « Jamais de ma vie je n'ai vécu une chose pareille dans le football », dira-t-il.

Au matin, les dirigeants de Tottenham demandent un report du match. Refusé ! Toutes les rencontres de la dernière journée doivent se jouer en même temps au nom de l'équité sportive. La police débarque à

l'hôtel et prélève des échantillons de nourriture pour les faire analyser.

L'après-midi, les joueurs arrivent sur le terrain, aussi blancs que leur maillot. Ce match au sommet, ils ne pourront pas le jouer avec leurs tripes, c'est une certitude. Ils sont battus 2 buts à 1. Les supporters de West Ham, moqueurs, lancent des rouleaux de papier toilette sur la pelouse. Dans l'autre rencontre, Arsenal l'emporte 4 à 2 et se qualifie en Ligue des champions au détriment de Tottenham. Pour le manager, cet échec ne passe pas : « Nous avons pris un pari mais nous n'étions pas assez forts. Nous sommes dégoûtés. » L'un de ses joueurs évoquera la plus grosse déception de sa carrière.

Qui a empoisonné les lasagnes ? Les complotistes du rayon culinaire se régalent. Ils accusent en particulier le chef cuisinier de l'hôtel qui serait un fan d'Arsenal. On accuse aussi Arsène Wenger, l'entraîneur français du rival londonien.

Une enquête est lancée. On va passer de Londres à la lumière. Dix jours plus tard, l'Agence de protection de la santé conclut que l'origine de l'épidémie n'est pas due à une intoxication alimentaire mais à une forme de gastro-entérite virale. L'excuse du « lasagna gate » retombe comme un soufflé. Il n'empêche, ces lasagnes auront éternellement, pour Tottenham, un goût de défaite.

Carl « Bobo » Olson
Boxe

POING DE FUITE

Né à Honolulu d'une mère portugaise et d'un père scandinave, Bobo était surnommé le Suédois d'Hawaï. Et il avait une fâcheuse tendance à surfer sur les excuses.

C'était un tatoué, un dur, formé à l'art pugilistique dans les casernes des militaires basés à Hawaï. En 1945, Carl Olson quitte son île natale pour San Francisco à la poursuite de son rêve de boxeur. Il n'est pas un grand technicien mais ses deux poings tombent comme des enclumes et son endurance force l'admiration.

En revanche, l'ancien champion du monde des poids moyens est un prodige de la flûte quand il s'agit d'expliquer ses quelques défaites (16 pour 97 victoires). Battu plusieurs fois par la légende Sugar Ray Robinson, Olson va finir sa carrière par une déconvenue humiliante au Madison Square Garden de New York. Le 27 novembre 1964, le puncheur de 34 ans s'effondre dès le premier round face au Portoricain José Torres, terrassé par une série de crochets. Blessé dans son orgueil, Bobo accuse l'équipe de Torres de l'avoir empoisonné avec du gaz, dans les vestiaires. « J'étais étourdi avant le combat », assure le perdant qui mettra fin à sa carrière l'année suivante sur ce soupçon de fuite de gaz assez peu crédible.

Angel Matos
Taekwondo

COUP BAS CUBAIN

Ce combattant cubain a fracassé l'esprit olympique d'un coup de pied. Et c'est l'arbitre qui a dû se faire recoudre.

Sur l'échelle des mauvais perdants, Angel Matos n'est pas loin de la toiture. Ce solide gaillard a 31 ans lors des JO de 2008 et déjà un joli palmarès : champion olympique à Sydney, médaille d'or des Jeux panaméricains. À Pékin, ce 22 août, il dispute la médaille de bronze au Kazakh Arman Chilmanov, dans la catégorie des plus de 80 kilos.

Matos mène 3-2 lorsqu'il est touché à l'orteil et réclame l'intervention de son soigneur. Assis, le taekwondoïste ne voit pas le temps passer sous les mains du médecin et, au bout d'une minute et trente secondes, le temps réglementaire pour ce genre d'arrêt, l'arbitre lève le bras : disqualifié !

Chilmanov exulte, Matos éructe. Et comme saisi par le démon, Angel expédie un yop tchagui en plein visage à l'arbitre, un coup de pied latéral qui ouvre la lèvre du juge suédois. Selon l'entraîneur de Matos qui essaie de justifier sa réaction, les Kazakhs auraient proposé de l'argent aux arbitres pour emporter le combat.

Matos, lui, ne perd pas seulement la médaille ce jour-là, il est aussi banni à vie de toute compétition internationale pour « violation caractérisée de l'esprit du taekwondo et des jeux Olympiques ».

Angel Matos frappe l'arbitre… dans un moment de folie !

Vladislav Vashchuk
Football

FALLAIT PAS LEUR COASSER LES PIEDS

**« Il pleut, il mouille, c'est la fête à la grenouille. »
En juin 2006, il fait plein soleil et, si l'équipe d'Ukraine est sévèrement battue par l'Espagne, c'est quand même la faute à la grenouille.**

Les Ukrainiens préparent leur premier match de Coupe du monde à Potsdam, à l'est de l'Allemagne, un havre de paix, de bonheur et de tranquillité. Hôtel de luxe, situé au cœur d'une réserve naturelle, entouré d'une forêt qu'égaye l'eau bleue d'un lac, ça respire l'avant-match idéal.

La rencontre se déroule le 14 juin. Les Ukrainiens sont battus 4 à 0 par des Espagnols déchaînés. Une humiliation qui pose question. La tactique ? Une condition physique défaillante ? Les qualités de jeu de l'adversaire ? Non ! Alors ? Le manque de sommeil !

Le défenseur Vladislav Vashchuk s'en prend aux grenouilles dont le bruyant coassement nocturne aurait empêché les joueurs de dormir. Il paraît que les vocalises

des grenouilles du coin atteignent le niveau sonore d'un poids lourd. Vashchuk précise : « On était tous d'accord pour prendre des bâtons et les chasser. »

Les mauvais dormeurs ont bien fait de s'abstenir car ces grenouilles sont une espèce protégée et quiconque les malmène encourt les foudres de la justice allemande.

Lors de cette compétition, l'Espagne sera éliminée en huitièmes de finale alors que l'Ukraine, en dépit de sa défaite inaugurale, atteindra les quarts de finale. Comme quoi, ce match fut un mal pour un amphibien.

Eddy Curry
Basket

CHASSEZ LE SURNATUREL, IL REVIENT AU GALOP

Si l'on en croit certains joueurs de NBA, le Skirvin Hotel d'Oklahoma City serait hanté. Une histoire où la réalité dépasse l'affliction.

Eddy Curry mesure 2,13 mètres et pèse 137 kilos, mais il lui arrive d'avoir des peurs d'enfant. En 2010, son équipe des New York Knicks se déplace à Oklahoma et s'installe la veille du match au Skirvin Hotel. Or, cette imposante bâtisse est habitée par une légende.

Il y a un siècle, pour cacher un adultère, le premier propriétaire y a séquestré sa maîtresse, Effie, l'une des femmes de chambre. Devenue folle, elle s'est jetée du 10e étage avec son bébé dans les bras. Depuis, elle hante les lieux et perturbe le sommeil des basketteurs. Selon une enquête du *New York Times*, cette histoire très triste est surtout une histoire très fausse. Mais on ne peut empêcher quiconque de croire au Père Noël ou aux fantômes. À commencer par Eddy Curry qui, la nuit, entend des bruits bizarres. Rongé d'inquiétude, le seul joueur de l'équipe qui loge... au 10e étage se réfugie dans la chambre d'un partenaire. Il dort à peine deux heures. Le lendemain, son équipe s'incline 108 à 88. Il sait pourquoi : « Je suis convaincu qu'il y a des fantômes dans cet hôtel. » Son coéquipier Jared Jeffries ajoute : « Cet endroit est hanté, ça fait vraiment peur. »

Quelques semaines plus tard, les Chicago Bulls séjournent au Skirvin Hotel. L'un des joueurs, Taj Gibson, raconte une histoire étrange : « Vers minuit et quart, la porte de ma salle de bains a claqué et elle s'est bloquée. Je ne sais pas ce qui s'est passé, mais la porte s'est fermée d'un coup. C'était une nuit inquiétante. » Manque de sommeil ? Chicago s'incline 106 à 95.

En 2013, le basketteur des Phoenix Suns, Wesley Johnson, se réveille en pleine nuit. La baignoire est inexplicablement remplie d'eau. Comme par hasard, Phoenix perd 103 à 96 !

Par la suite, des basketteurs entendent des voix ou les cris d'un bébé qui pleure alors qu'il n'y a aucun bébé dans les parages. Cette accumulation de bizarreries propulse le fantôme d'Effie dans la culture populaire à travers les réseaux sociaux qui s'en donnent à cœur joie.

En 2016, Kyrie Irving, le meneur de jeu des Cleveland Cavaliers, passe une nuit sinistre : « Je me suis réveillé avec cinq énormes punaises, là, sur mon oreiller. Je me suis levé et ça me grattait de partout. J'étais assez énervé. Sérieusement ? À 3 heures du matin ! J'étais crevé. »

En début de match, Irving n'est pas dans son assiette. Il vomit. Que croyez-vous qu'il arriva ? Cleveland s'imposa 115 à 92. À Oklahoma, le fantôme d'Effie peut aller se rhabiller. C'est juste une histoire à dormir debout.

Gordon Strachan
Football

UNE ERREUR DE TAILLE

Pour justifier l'élimination de l'équipe d'Écosse à la Coupe du monde 2018, l'entraîneur Gordon Strachan a convoqué la génétique. Où y a du gène, y a pas de plaisir. Et pas de victoire.

Gordon Strachan occupe une place de haut niveau dans l'histoire du football écossais. Né en 1957, ce milieu de terrain roux et de petit format (1,68 mètre) a connu comme joueur une belle carrière, notamment à Manchester United.

En 2017, il entraîne l'Écosse qui vise une place de barragiste en vue d'une qualification à la Coupe du monde. Lors du dernier match, il faut une victoire mais son équipe est accrochée par la Slovénie, deux buts partout. Sous le coup de la déception, Gordon monte sur ses grands chevaux : « Personne ne me fera croire que, techniquement, les Slovènes étaient plus forts que nous. Mais physiquement, nous avions un problème : dans ce groupe, à part les Espagnols, nous étions les plus petits. » Certes, mais la taille des Espagnols ne les a pas empêchés de caracoler en tête de leur poule. Gordon continue pourtant de s'enfoncer avec une explication au ras du gazon : « D'un point de vue génétique, nous avons du retard. Il faudrait marier les grands avec les grandes en Écosse, puis voir ce que ça donne. » Après avoir déçu les supporters et scandalisé un pays, Gordon a quitté son poste. Il aurait dû savoir qu'en football non plus, ce n'est pas la taille qui compte.

60 in

David James
Football

LES DÉMONS DU JEU

Surnommé Calamity James en raison de ses bourdes spectaculaires, l'ancien gardien de but de la sélection anglaise a dégainé l'excuse de l'addiction pour expliquer un naufrage personnel.

Le 10 mars 1997, Liverpool reçoit Newcastle pour un choc de haut de classement. Dans les buts des Reds, David James fait partie du petit groupe de joueurs surnommés les Spice Boys par la presse britannique. En première période, le gaillard de 1,96 mètre passe une soirée de rêve : ses coéquipiers Fowler, McManaman et Berger ont fait le job. Liverpool mène 3-0. Mais l'affaire vire au cauchemar en dix-huit minutes. James commet trois erreurs de débutant et permet à l'équipe de David Ginola de revenir à 3 partout ! Un ballon qui rebondit juste devant lui et deux sorties hésitantes plongent Anfield Road dans la désolation. Quelle calamité est-elle encore tombée sur ce pauvre James ? « J'ai passé toute la nuit à jouer sur ma console à Tekken 2 et Tomb Raider », avoue le gardien qui confesse une addiction aux jeux vidéo !

Heureusement, ses trois erreurs et son excuse en pixels ne nuiront qu'à sa réputation : un dernier but de Robbie Fowler dans le temps additionnel donnera finalement la victoire à Liverpool. Et, trois semaines plus tard, David James connaîtra sa première sélection avec l'équipe d'Angleterre face au Mexique.

Kristina Mladenovic, Caroline Garcia
Tennis

VICTIMES DE LA MODE

Éliminée dès le premier tour du tournoi olympique de double féminin, la paire française a expliqué sa défaite par un imbroglio textile. Une excuse un peu décousue.

Kristina Mladenovic et Caroline Garcia nourrissaient de grandes ambitions aux jeux Olympiques de Rio. Respectivement 38e et 32e joueuses mondiales, les tricolores s'avançaient donc confiantes pour affronter les Japonaises Eri Hozumo et Misaki Doi, moins bien classées. Mais à peine libérées de leur survêtement, les Françaises sont rappelées à l'ordre : leurs tenues de match dépareillées contreviennent au règlement. Les deux joueuses sont sommées de se changer sous peine de disqualification. Panique sur le court. Heureusement, Mladenovic sort de son sac un second tee-shirt identique pour le prêter à sa partenaire. Problème : ce n'est pas l'équipementier de Caroline Garcia, qui doit donc porter le vêtement à l'envers pour occulter le logo !

Défaites en trois manches (6/0-0/6-6/4), les Bleues quittent le court en rage et Mladenovic crache une série de tweets vengeurs qui pointent l'incompétence de ses dirigeants : « Merci à notre fédération [...] de s'être renseignée sur le règlement. » Une excuse balayée par le directeur technique national, Arnaud Di Pasquale, qui répond : « Je comprends qu'on puisse être enragé, triste, déçu, et qu'on puisse en vouloir à la terre entière. On peut aussi s'en vouloir à soi-même. »

Manuel Pellegrini
Football

UNE LEÇON D'ONGLÉE

L'entraîneur chilien est l'un des grands techniciens du football mondial. Tacticien hors pair, il aime l'offensive et le spectacle. Mais il est aussi très frileux… quand il perd.

Manuel Pellegrini arrive à Manchester City à l'été 2013 auréolé d'une belle réputation mais sans palmarès en Europe. Dans les trois clubs espagnols qu'il a dirigés, dont le Real Madrid, il n'a rien gagné. Mais dès sa première année en Angleterre, bingo : la voilà champion avec 102 buts marqués, un triomphe.

La campagne européenne des Blues ne va cependant pas connaître le même lustre. Versé dans le groupe E, Manchester entame par une défaite face au Bayern Munich puis un nul contre l'AS Rome. Le match du 21 octobre 2014 contre le CSKA Moscou revêt donc une importance capitale. Et il débute comme dans un rêve : à la mi-temps les Mancuniens mènent 2 à 0. Mais dans un stade privé de supporters à cause de banderoles racistes déployées auparavant, Manchester prend l'eau rapidement : score final 2 partout.

Alors, en guise de bouée de sauvetage, Pellegrini, surnommé L'Ingénieur, se bricole une excuse météo : « On a très bien joué en première période mais ensuite il faisait vraiment trop froid. » Ah, le rude automne moscovite… des deuxièmes mi-temps.

Manuel Pellegrini à Moscou : refroidi par le résultat !

BRASIL

Renaud Lavillenie
Athlétisme

PUBLIC ENNEMI

Renaud Lavillenie a souvent plané très haut dans sa carrière de perchiste. Mais l'ancien recordman du monde a touché le fond en matière d'excuse.

À l'été 2016, à Rio, Renaud Lavillenie défend son titre de champion olympique remporté à Londres. La finale du saut à la perche dans le stade du Maracana tourne au duel entre le champion tricolore et l'enfant du pays, le jeune Thiago Braz da Silva. Le tenant du titre livre un concours de rêve jusqu'à 5,98 mètres, effacés au premier essai. Seul le Brésilien résiste encore et il est soutenu par un stade en fusion, dans une ambiance de derby carioca. Et au 2e essai, Thiago franchit une barre à 6,03 mètres. Il reste trois essais à Lavillenie pour arracher la médaille d'or. Trois courses d'élan et trois échecs sous les sifflets d'un public déchaîné qui déclenche la colère d'un Lavillenie blessé et très remonté. « Je pense que la dernière fois qu'on a vu ça, c'est quand Jesse Owens a couru en 1936 […]. Ça fait chier d'avoir un public de merde comme ça sur des JO. » En larmes sur la deuxième marche du podium, sous une bronca d'enfer, Lavillenie finira par faire amende honorable pour cette vilaine excuse.

Ambiance foot aux JO : Lavillenie perd pied.

Brian Joubert
Patinage

VESTIGES DE L'AMOUR

Les Jeux d'hiver de Vancouver ne se sont pas déroulés comme prévu pour le champion français. Même s'il patine seul, Brian Joubert avait manifestement un problème de couple.

À Vancouver, Brian Joubert n'a pas dérapé que sur la glace.

« Putain de jeux Olympiques de merde, j'y arriverai pas... » Après sa chute dans le programme court des JO de Vancouver en 2010, Brian Joubert confie sa détresse à ses entraîneurs... Auréolé d'un titre de champion du monde en 2007, le Français arrivait avec de grandes ambitions pour ses troisièmes JO. Il termine finalement 16ᵉ, sa pire place dans cette compétition. Mais le jeune Poitevin va frapper les esprits en donnant un sacré coup de patin à sa petite amie du moment. La jeune femme porterait une part de responsabilité dans son échec : « Si elle ne comprend pas que j'ai des objectifs et qu'il faut que je m'y tienne, ce que ce n'est pas la bonne », lance-t-il dans une interview sur Europe 1 juste après la compétition. Le *French lover* des patinoires est coutumier des disputes conjugales sur la place publique puisqu'il avait attaqué en diffamation son ancienne compagne, Laetitia Bléger, Miss France 2004.

Tancé par le président de la fédération pour ses contre-performances et son manque de travail, Joubert reconnaîtra dans une autre interview : « Oui, je suis un petit con. »

Kermit Cintron
Boxe

TOMBÉ DANS LA LOTION MAGIQUE

Le jour de la Saint-Valentin, en 2009, deux boxeurs échangent des coups à l'occasion d'un combat qui va entrer dans l'histoire en raison de son verdict controversé et d'une excuse tirée par les cheveux.

14 février. À Sunrise, en Floride, deux des meilleurs représentants mondiaux de la catégorie des poids welters montent sur le ring. À ma droite, le portoricain Kermit Cintron, 29 ans. À ma gauche, l'Argentin Sergio Martinez, 33 ans, un dur à cuire, surnommé La Merveille, en toute simplicité.

La vérité oblige à dire que le combat n'est pas à l'avantage de Cintron. À la fin du 7e round, à la suite d'un crochet du gauche qu'il reçoit en pleine face, il met un genou à terre. L'arbitre entame le décompte: «7... 8... 9...» À l'instant où il prononce le «10» fatidique, la cloche sonne et indique la fin du round. Dans la confusion, Martinez imagine qu'il a gagné et il lève les bras comme n'importe quel vainqueur. Cintron reprend vite ses esprits et va pleurnicher auprès de l'arbitre en indiquant qu'il a reçu un coup de tête et qu'il est en pleine forme. L'arbitre est-il un grand sensible, un homme indécis, un gros malhonnête ou bien tout à la fois ? Toujours est-il qu'il annule sa décision.

Ce n'est qu'un début. Continuons le combat. La Merveille Martinez saoule de coups Kermit Cintron, le boxeur au prénom de grenouille. Douzième et dernière reprise, Martinez récolte un avertissement en raison d'un coup asséné derrière la tête de son adversaire. Ainsi en a décidé l'arbitre. Avertissement sévère qui lui vaut un point de pénalité. Néanmoins dans l'esprit de tous les observateurs, la victoire de Martinez ne fait pas l'ombre d'un doute. Il suffit de regarder les boxeurs. Le visage ensanglanté de Cintron est cabossé, celui de Martinez intact.

En toute logique, le premier juge le donne largement vainqueur, mais les deux autres accordent un match nul. Ils sont majoritaires et, comme le veut la règle, ils emportent la décision. La foule gronde, ne sachant pas vraiment si elle vient d'assister à un miracle, à un événement surnaturel ou, tout bêtement, à un scandale.

Face aux questions des journalistes qui lui rappellent l'évidence, à savoir qu'il est celui qui a décoché le moins de coups, Cintron justifie sa piètre performance au moyen d'une excuse qui va entrer conjointement dans l'histoire de la boxe et des salons de coiffure : « Écoutez, les gars, Martinez portait tellement de gel pour les cheveux ! Ça, et l'odeur de sa mousse à raser, ça m'a gêné. Les vapeurs me donnaient le vertige. » Surnommé L'Assassin, le boxeur portoricain venait d'être tué par le ridicule. D'un seul coup.

Oreste Vigorito
Football

LES SORCIÈRES DE BENEVENTO

Le club de Benevento a battu un record d'Europe : 14 défaites consécutives en ouverture de la Serie A où il venait d'être promu. Pour son président, c'est un maléfice !

Benevento, à 60 kilomètres de Naples, est une terre de passion du football mais aussi de sorcellerie. Toute la ville est baignée par ce mythe, et le club ne fait pas exception. L'emblème de l'équipe, fondée en 1929, est une silhouette de femme chevauchant un balai et les joueurs sont surnommés les Stregoni (les « petits sorciers »).

Il est vrai que la magie va accompagner un temps les joueurs de Campanie : à la fin de la saison 2016, ils sont promus en Serie B pour la première fois de leur histoire et un an plus tard en Serie A, l'élite du foot italien ! Le conte de fées va pourtant se heurter à la dure réalité. Dès la reprise du championnat, le club racheté par les frères Vigorito – qui ont fait fortune dans les éoliennes – enchaîne les défaites. Jusqu'à devenir la risée de l'Europe lorsqu'il bat le record européen détenu depuis les années 1930 par Manchester United : 12 défaites, 5 buts marqués, 31 encaissés.

Mais plutôt que de blâmer l'incompétence de ses joueurs (l'entraîneur a déjà été limogé après 9 défaites), déplorer son faible budget ou encore se plaindre de l'arbitrage, le président Oreste va se servir du folklore local : « C'est la faute aux influences malignes qui ont toujours été associées à cette ville… les sorcières. Oui, ajoute-t-il, je suis superstitieux. » Benevento arrachera le match nul face au Milan AC pour son quinzième match mais n'évitera pas la relégation en fin de saison.

Paris Saint-Germain
Football

MAUVAIS ŒIL

Avec ses titres et ses victoires de prestige, le PSG est un vainqueur en série. Alors pour les joueurs et les entraîneurs, la défaite semble encore plus difficile à digérer.

Le PSG s'est bâti en plus de cinquante ans d'existence un joli palmarès : 10 titres de champion, 14 Coupes de France, 1 Coupe d'Europe. Et pourtant les Parisiens ont bien du mal à justifier leurs contre-performances par des critères sportifs. À ce niveau, on peut presque parler de culture d'entreprise !

Ses membres ont en effet une fâcheuse tendance à accuser le mauvais sort quand ils dérapent. Le 5 novembre 2006, Guy Lacombe estime que la chance était ce soir-là du côté des adversaires lensois alors que ses joueurs venaient de montrer de flagrantes lacunes défensives en s'inclinant 3 buts à 1 au Parc des Princes. Autre compétition, même punition : quinze ans plus tard, Mauricio Pochettino affirme que ses joueurs n'ont pas eu « le petit pourcentage de chance » qui leur aurait permis d'éliminer Manchester City en demi-finale de la Ligue des champions. Quant à Presnel Kimpembe, le défenseur parisien, il accuse « la faute à pas de chance » pour expliquer la première victoire de l'OM dans le « classico » depuis neuf ans, en septembre 2020.

Pour les footballeurs, Paris serait-elle la capitale de la Chance ?

George Foreman
Boxe

DANS LES CORDES SENSIBLES

Envoyé au tapis au 8e round du championnat du monde des lourds à Kinshasa, l'Américain refuse de croire que Mohamed Ali était meilleur ce jour-là. Il accuse la nourriture et... la trahison d'un ami.

C'est un combat légendaire. Le 30 octobre 1974 à Kinshasa, Ali redevient champion du monde après un affrontement connu sous le nom de « Rumble in the jungle ». George Foreman, surpris par les directs du droit d'Ali, essuie une pluie de coups et subit le premier K.-O. de sa carrière. La fin d'un règne de deux ans et le début d'un concours de mauvaise foi. Juste après le combat, Foreman accuse le clan Ali d'avoir distendu les cordes du ring pour permettre à son adversaire de s'y réfugier. Il affirme ensuite qu'il a vu, pendant le combat, l'un de ses amis encourager Ali et que cette trahison lui a coupé les jambes. Dans son autobiographie, Foreman va encore plus loin et parle d'empoisonnement ! « On m'a fait manger du singe empoisonné et on a mis des médicaments dans mon eau », écrit-il dans *God in my corne*r (Thomas Nelson Ed., « Dieu dans mon coin ») en 2007. Un dernier argument qui a inspiré à Mohamed Ali l'une des savoureuses reparties dont il avait le secret : « Il y avait un médicament bien pire qui l'attendait quand il est monté sur le ring, voilà l'histoire. » Second K.-O.

Crystal Palace
Football

L'ENJEU DE LA SÉDUCTION

En 2011, le club londonien de Crystal Palace évolue en deuxième division et se fixe comme objectif d'accéder à l'élite au terme de la saison. Pour mettre toutes les chances de leur côté, les dirigeants recrutent une équipe de choc : des pom-pom girls.

Sans doute grisé par des débuts encourageants, le club décide d'investir sur le terrain de l'audace. S'inspirant du modèle américain, on recrute des danseuses qu'on habille, le moins possible, aux couleurs de l'équipe. Ainsi sont nées Les Crystals, dont la prestation artistique doit chauffer l'ambiance, divertir les foules et, selon les termes du communiqué, « inspirer les joueurs ».

Le 19 décembre 2011, sur la pelouse de leur stade fétiche, les supporters découvrent quatorze jeunes femmes, en petite tenue rouge et bleu, qui se trémoussent en musique. Manifestement, les joueurs sont inspirés. Crystal Palace s'impose 1 à 0. Pour autant, l'état de grâce ne dure pas. La deuxième partie de la saison est une lente dégringolade. Faut-il blâmer la

Les Crystals sur le terrain de la polémique.

méforme ou de mauvais choix tactiques? Le club invoque la malchance.

Les fans les plus conservateurs ont des vues aussi courtes que la garde-robe des Crystals : « Quand elles sortent en agitant leurs pompons, vous voyez les joueurs les observer alors qu'ils devraient se concentrer sur le jeu. Plus tôt elles partiront, mieux ce sera ! » Bilan : une saison en enfer ! Crystal Palace terminera 17e au classement, évitant de peu la relégation. Les pom-pom girls iront se rhabiller.

Slaven Bilic
Football

EN VERT ET CONTRE TOUT

Entre 2015 et 2017, Slaven Bilic entraîne le club londonien de West Ham qui évolue en première division. Après une série de résultats décevants, il annonce la couleur, et c'est très surprenant !

Dans le milieu du foot, ce Croate détonne. Homme cultivé, guitariste de rock, défenseur de haut niveau, demi-finaliste de la Coupe du monde 1998 avec la Croatie, il est capable de parler foot avec philosophie.

Ses deux premières saisons comme coach de West Ham sont saluées par la presse anglaise qui le trouve enthousiaste, excitant et courageux. Les problèmes surviennent au début de la troisième saison. La magie n'opère plus, les résultats sont mauvais. En octobre 2017, West Ham est balayé à domicile par Brighton 3 à 0. Dans sa chronique hebdomadaire pour l'*Evening Standard*, Slaven Bilic livre l'une des explications les plus grotesques de l'histoire du football en s'attaquant à la configuration de son propre stade. Il prétend que la zone située entre la pelouse et les tribunes qui est peinte en vert perturbe ses joueurs. Il y a trop de vert ! « Imaginez que vous courez en arrière pour défendre ou que vous rejoignez l'attaque, vous levez les yeux et ce n'est pas facile, car tout est vert

Grâce à Slaven Bilic, on en a entendu des vertes et des pas mûres.

devant vous. Il est difficile d'apprécier exactement où se trouve la fin du terrain. Cela peut psychologiquement affecter votre volonté de le faire. »

Deux semaines plus tard, sur son terrain, West Ham est balayé par Liverpool 4 buts à 1. Les dirigeants du club limogent Bilic. Ils étaient verts de rage !

Shamil Tarpischev
Tennis

LA (MAUVAISE) SURPRISE DU TARPISCHEV

C'est l'un des plus grands exploits du tennis israélien : une victoire sur la Russie en quarts de finale de la Coupe Davis. Mais pour le capitaine russe, c'est surtout la faute au calendrier.

Tout le sel de l'ancienne formule de la Coupe Davis résidait dans les surprises que permettait l'organisation des rencontres chez l'un des adversaires. Des ambiances de folie avec des joueurs tétanisés par un public hostile ou au contraire portés par l'électricité ambiante. Et en ce samedi de juillet 2009, Tel-Aviv vibre à l'unisson. Le double Ram-Erlich vient de terrasser la paire russe Safin-Kunitsyn en 5 manches et offre la première demi-finale de son histoire à Israël ! 3-0, le score est sans appel.

Dur à avaler pour Shamil Tarpischev, indéboulonnable capitaine de l'équipe russe. Vainqueur de l'épreuve trois ans plus tôt, Tarpischev préfère fustiger le calendrier plutôt que de reconnaître la performance, comme celle, incroyable, de Harel Levy et Dudi Sela, les deux joueurs de simple qui, la veille, ont battu Igor Andreev et Mikhail Youzhny, pourtant bien mieux classés. Car pour Tarpischev, cinq jours après la fin de Wimbledon, les meilleurs joueurs, comme son compatriote

Davydenko, étaient absents. « Regardez les États-Unis, l'Espagne, l'Argentine ou l'Allemagne, explique Tarpischev. Un tel calendrier confère aux plus petites nations un avantage injuste. » À cette date, l'Espagne venait pourtant de battre l'Allemagne sans Rafael Nadal et finira par remporter cette 98e édition. Tarpischev, aujourd'hui membre du CIO, n'a pas brillé par son esprit olympique.

Pas plus grande que ça, l'excuse de M. Tarpischev.

Vinny Testaverde en 2007
lors de sa 21e saison en NFL.

Vinny Testaverde
Football américain

VOILÀ LE DALTONIEN !

Au football américain, le passeur s'appelle le quarterback. Son rôle : lancer le ballon à ses partenaires pour les envoyer dans l'en-but. Mais Vinny Testaverde a passé une saison entière à rater ses cibles.

Trente-cinq interceptions ! 35 fois, au cours de la saison 1987-1988, les passes de Vinny Testaverde n'ont trouvé que les mains des adversaires de son équipe des Buccaneers de Tampa Bay. Terribles échecs pour ce gaillard de 1,96 mètre et 105 kilos qui venait tout juste d'intégrer la franchise floridienne. Le rookie, né à Brooklyn, se sent donc obligé de tirer à vue pour défendre son honneur bafoué et ses compétences de lanceur. Testaverde assure qu'il souffre de daltonisme et qu'il est donc incapable de distinguer les couleurs de son équipe de celles de l'adversaire. Ennuyeux.

L'argument ne suscite rien d'autre que des sarcasmes car Testaverde a reçu l'année précédente, lors de sa dernière saison avec les Hurricanes de Miami, une prestigieuse récompense, le trophée Heisman du meilleur joueur universitaire. Plus que d'une vision défaillante, le gaillard semble souffrir d'un déficit de flair.

Roberto Duran
Boxe

DES DOULEURS D'ABDOS MINABLES

C'est un combat légendaire : un championnat du monde qui se termine par l'imploration d'un combattant et une défaite difficile… à digérer.

Entre Roberto Duran et Sugar Ray Leonard, ce n'est pas l'amour fou. Avant le premier combat entre les deux poids welters, le Panaméen qui vient de monter de catégorie insulte copieusement le champion WBC en titre. Lors de la pesée, Duran fait même un doigt d'honneur à l'épouse du boxeur américain. Mais à Montréal, Duran fait aussi parler ses poings et décroche la ceinture mondiale par décision unanime des juges.

Changement d'ambiance cinq mois plus tard à La Nouvelle-Orléans, pour la revanche. Roberto a bien fêté son titre et pris 20 kilos qu'il perdra difficilement dans les derniers jours avant le combat. Le 25 novembre 1980, Leonard est insaisissable et bien plus précis. Au 8e round, Duran abandonne en prononçant des mots devenus célèbres : « *No mas, no mas.* » Il demande grâce en tournant le dos à son adversaire, un Leonard d'abord surpris puis fou de joie. Dans le monde du noble art, cette retraite en rase campagne est un sacrilège. El Cholo, aussi surnommé Mains de pierre, devient un paria dans son pays, moqué, vilipendé. Il se défend en invoquant un mal sournois : des crampes d'estomac à cause de son régime express ! Même son manager démentira cette version. Mais Duran ne manquait pas de panache : il remontera sur le ring et décrochera un nouveau titre de champion du monde dans une 3e catégorie, les super-welters.

2014 : Roberto Duran retrouve Sugar Ray Leonard au Nevada Boxing Hall of Fame de Las Vegas.

Jo-Wilfried Tsonga
Tennis

BALLES VOLANTES

2012 s'annonçait comme une grande année pour le tennisman français. Mais elle commence par une mauvaise défaite et une excuse de haut vol.

Soixante-dix fautes directes contre 30 pour son adversaire ! En huitièmes de finale de l'Open d'Australie, Jo-Wilfried Tsonga sombre face au Japonais Kei Nishikori, moins bien classé que lui. C'est pourtant ici, à Melbourne, qu'il s'est révélé au monde entier en atteignant la finale du premier grand chelem de la saison en 2008. Par ailleurs, le joueur tricolore sort d'une année 2011 achevée sur une finale aux Masters. Il est en grande forme et vise le top 5 mondial qu'il atteindra en février.

La chaleur intense de ce mois de janvier de l'hiver austral écrase ses ambitions, même si Tsonga assure que ce n'est pas la raison de sa défaite. Lui n'a pas souffert de la chaleur, les balles si : les températures caniculaires auraient eu des conséquences sur leur aérodynamisme, selon lui. Explication : « Comme il faisait très chaud la balle volait et je ne contrôlais pas grand-chose. Il m'a attendu, attendu, et voilà. À chaque fois qu'il y avait des balles neuves, je ne contrôlais rien. »

Le Japonais, qui a priori renvoyait les mêmes balles à Tsonga, a beaucoup moins souffert pour s'imposer en 5 manches.

Marcelino Garcia Toral
Football

VOL DE NUIT

L'actuel entraîneur de l'Athletic Bilbao s'est taillé la réputation d'un dénicheur d'excuses inépuisable. En 2018, il s'est surpassé avec une analyse originale et une vision... nocturne.

Après une carrière de joueur écourtée à la suite d'une grave blessure, Marcelino Garcia Toral entame une vie d'entraîneur à seulement 32 ans. Le natif des Asturies écume les bancs de touche de première et deuxième divisions espagnoles depuis plus de vingt-cinq ans avec un certain succès et une verve incontestable.

Ses conférences de presse sont le théâtre de sorties parfois déconcertantes sur la qualité de la pelouse, la chance des adversaires ou la fatigue de ses joueurs. Mais c'est son passage à Valence qui va le propulser très haut dans le palmarès de la mauvaise foi. Lors de la 24e journée, les Valenciens subissent à domicile un 14e match nul, 0-0 face à l'Espanyol de Barcelone. Toral a une explication qui mélange les méfaits du décalage horaire (dans le même fuseau !) et l'expertise d'un ingénieur aéronautique : « Depuis le début de la saison nous avons joué 10 matchs à 16 h 15 et la nuit, comme ce soir, les ballons vont plus vite et cela nous a déstabilisés », ose Marcelino sans complexe.

Valence et son technicien termineront la saison à la 4e place de la Liga malgré les caprices du ballon.

+7 +6 +5 +4 +3 +2 +1 0 -1 -2 -3 -4 -5 -6 -7
Angeles
New York
London
Moscow
5 6 7 8 9 10 11 12 13 14 15 16 17 18 19 20

Alex Ferguson
Football

TOUTE LA PANOPLIE

Le légendaire manager de Manchester United a multiplié les victoires et les trophées à la tête des Red Devils. Mais il est aussi célèbre pour sa diabolique mauvaise foi.

Au cours de ses 27 ans à Manchester United, sir Alex Ferguson a remporté 36 trophées et des victoires à la pelle. Sans doute la haine de la défaite est-elle un moteur puissant pour ces vainqueurs en série qui forgent les mythes et ravissent les foules. Une haine qui, dans le cas de Ferguson, va souvent l'emmener sur des terrains glissants pour justifier ses échecs et ceux de ses joueurs. À tel point que Fergie figure dans plusieurs palmarès qui recensent et classent ses excuses les plus rocambolesques.

L'état de la pelouse abîmée par un match de rugby serait la seule responsable d'une défaite face à West Ham en 2001. Le décalage horaire après un déplacement de Coupe d'Europe en Turquie expliquerait la déculottée reçue à Newcastle, 5-0, en 1996 (l'équipe était rentrée à 4 heures du matin le jeudi... le match était le dimanche). Le soleil couchant qui aveugle ses joueurs lors du championnat du monde des clubs à Rio, l'incompétence des arbitres ou encore les cris de la foule qui poussent l'arbitre à expulser Cristiano Ronaldo (coupable d'une main) sont quelques-unes des fables qui ont régalé les gazettes sportives.

Mais le chef-d'œuvre de Ferguson date du 13 avril 1996. C'est une pièce de collection à la frontière de la mode, de la superstition et de l'ophtalmologie. De la haute couture.

La statue de bronze de Sir Alex Ferguson ne laisse personne de marbre à Manchester.

Ce jour-là, Cantona, le jeune Beckham et les vedettes de Manchester se déplacent à Southampton pour asseoir leur position de leader et reprendre le titre de champion à Blackburn. Face aux rouge et blanc, les Mancuniens portent tristement des maillots gris pour les matchs à l'extérieur : ils sont menés 3-0 à la mi-temps. Lee Sharpe, homme de base de Manchester, témoignera quelques années plus tard : « Ferguson est entré dans le vestiaire à la pause et nous a demandé de retirer nos maillots immédiatement. » Pour le manager, ses joueurs ont du mal à se voir sur le terrain à cause de ces couleurs plus ternes qu'un ciel d'hiver du Hampshire. Quand les joueurs reviennent sur la pelouse, les 15 000 spectateurs du Dell, l'enceinte des Saints, découvrent des visiteurs vêtus d'une nouvelle tunique bleu et blanc. Ce qui n'empêchera pas Manchester de s'incliner 3-1. Ni de perdre à nouveau au même endroit 6 buts à 3 sans ces maillots gris définitivement remisés au placard.

Ferguson ne cantonne pas son imagination au terrain. Il sait aussi en user pour éviter les ennuis : en 1999, devant des magistrats qui le jugeaient pour un excès de vitesse au volant de sa BMW, il a fait savoir par son avocat qu'il souffrait d'une diarrhée aiguë et devait, au plus vite, regagner… ses toilettes. Le refus de la défaite, toujours.

Équipe d'Angleterre
Cricket

L'ALARME À L'ŒIL

Plus l'enjeu est élevé, plus la défaite est insupportable. Et en cricket, la rivalité entre l'Angleterre et l'Australie trône au sommet du sport britannique depuis 1883.

Cette année-là, une équipe d'Australie remporte sur le sol de Sa Majesté une victoire surprise face à l'équipe d'Angleterre. Un faire-part humoristique annonce, dans la presse, la mort du cricket anglais et le transfert de ses cendres en Australie.

Quelques mois plus tard, les Anglais prennent leur revanche en terres australes et se voient remettre une urne pleine de cendres. La compétition The Ashes vient de naître et elle dure toujours.

La revanche de l'Angleterre face à l'Australie, Sydney Cricket Ground, 1883.

En 2009, cette épreuve traditionnelle, qui consiste en 5 test-matchs, fait étape à Leeds pour le quatrième rendez-vous. Après deux nuls et une victoire, l'Angleterre peut remporter la série pour la deuxième fois depuis vingt ans ! Mais les Australiens s'imposent.

Pour expliquer cette défaite, les joueurs anglais affirment qu'ils n'ont pas pu dormir de la nuit à cause de l'alarme incendie de leur hôtel qui s'est déclenchée. Ils ont dû patienter sous la pluie pendant plusieurs heures avant de réintégrer leurs chambres, à quelques heures du match. Bref, ils ne tenaient plus debout pour défier les Kangourous. Les Anglais parviendront finalement à s'imposer lors de l'ultime rencontre.

José Mourinho
Football

LE SPÉCIALISTE

Dans la grande tradition des managers anglais de Premier League, le technicien portugais est un maître de l'excuse. Et il a exercé son art dans toute l'Europe.

Comme son confrère et prédécesseur à Manchester United Alex Ferguson, José Mourinho a souvent défrayé la chronique pour les arguments nombreux et variés qu'il a avancés pour éviter de se remettre en question. Les excuses de José Mourinho pourraient fournir la matière d'un livre entier et peut-être même d'un manuel de psychologie du sport. En Angleterre, elles ont donné lieu à des dizaines de sketches et de parodies. Et ce grand voyageur est aussi réputé sur les estrades du Portugal, d'Italie et d'Espagne. Impossible donc de lister l'ensemble des motifs déployés par l'habile bretteur de Setúbal.

Le « Special One » a tout de même ses spécialités : rejeter la faute sur l'arbitre, ses joueurs ou même ses dirigeants lui a valu quelques déboires et des conflits de vestiaire retentissants. Entraîneur du Real Madrid, Mourinho se plaignait du calendrier qui, selon lui, favorisait son grand rival du FC Barcelone. Des diversions assez classiques dans ce milieu mais dont la répétition lui vaut une place de choix au hit-parade du pipeau. Un grand classique aussi, le dénigrement de l'adversaire. En janvier 2014, frustré par un match nul 0-0 face à West Ham, le manager de Chelsea se présente en conférence de presse la mine défaite et déplore la tactique défensive de son adversaire : « West Ham pratique un football du XIXe siècle. La seule chose que je pouvais faire de mieux, c'était amener

une perceuse pour abattre le mur», gémit le coach, peu réputé pourtant pour ses inspirations offensives.

Dans cet océan d'excuses éculées, Mourinho a tout de même su innover et trouver des coupables de choix pour expliquer de mauvais résultats : les ramasseurs de balles ! Selon lui, l'absence de ces jeunes bénévoles en finale de la Supercopa 2011 face à Barcelone serait responsable de la défaite de son Real, 3-2. Quelques années plus tard à Manchester United, il fustigera encore des ramasseurs «trop lents» pour expliquer la mauvaise série de son équipe à domicile. Moins classe que ses costumes !

Bernardin Kingue Matam
Haltérophilie

LE POIDS DU SOUPÇON

Est-ce une mauvaise excuse, une bonne intuition ou un coup monté ? L'haltérophile a dénoncé le dopage de ses adversaires. Et il avait (presque) raison.

Bernardin Kingue Matam est le quatrième garçon d'une fratrie d'hommes forts. Ses frères s'appellent David et Hercule et, comme lui, soulèvent des haltères aux jeux Olympiques. Né à Yaoundé au Cameroun, Bernardin choisit la nationalité française et obtient son billet pour Londres 2012 où il est éliminé. Mais ce Bisontin d'adoption compte bien prendre sa revanche dans la catégorie des moins de 69 kilos à Rio, en 2016.

Début août au Brésil, la déception est cruelle : Bernardin termine huitième du concours et déverse frustration et colère sur ses adversaires : « Les cinq premiers ne sont pas clean, clame le Français. J'attends le résultat des contrôles antidopage. Si la Fédération internationale et le CIO font quelque chose, je pense pouvoir gagner facilement au moins quatre places. »

Et de fait, Matam va gagner une place ! Car quelques jours plus tard, le Kirghiz Izzat Artykov est contrôlé positif à la strychnine et perd sa médaille de bronze. L'haltérophile déchu nie en bloc et accuse même Matam d'avoir ajouté des produits dopants dans sa boisson ou sa nourriture ! Le Français n'ira cependant pas plus haut. Aucun autre concurrent ne tombera du podium.

Ssssssseum

Thibaut Courtois, Eden Hazard
Football

LES ESTHÈTES À L'ENVERS

La défaite de la Belgique en demi-finale de la Coupe du monde 2018 est restée en travers de la gorge de ces deux joueurs. Leurs paroles amères restent un objet de moquerie, en dépit des années.

L'épisode a participé à populariser le terme « seum », issu de l'arabe *sèmm*, qui signifie « venin ». Utilisé depuis longtemps, il est devenu à l'été 2018 une sorte de label pour qualifier la rage d'un mauvais perdant. Et un nouvel épisode de la rivalité franco-belge.

En effet, au soir du 10 juillet de cette année-là, les Bleus de Didier Deschamps décrochent une victoire étriquée 1 à 0 contre la Belgique, qui s'imaginait déjà disputer la première finale mondiale de son histoire. Las, un but de Samuel Umtiti a brisé ce rêve.

Dès la fin du match, la déception affleure dans la bouche du gardien, Thibaut Courtois, mais pas très élégant : « La France a joué à rien. On a perdu contre une équipe qui n'est pas meilleure que nous, crache le portier qui dénonce le style trop défensif des Français. C'est dommage pour le foot qu'aujourd'hui la Belgique n'ait pas gagné », ajoute-t-il.

Son compatriote Eden Hazard va encore plus loin dans la rancœur : « Je préfère perdre avec cette Belgique que gagner avec cette France. »

Valentin Prades
Pentathlon moderne

UNE BELLE JAMBE

Dans ce sport exigeant qu'est le pentathlon moderne, la performance dépend aussi du facteur cheval. Ce qui permet de trouver un coupable idéal.

Ce sport aux cinq disciplines (natation, escrime, équitation, tir, course) est l'un des plus anciens des Jeux modernes. Conçu et promu par Pierre de Coubertin en personne, le pentathlon est au programme olympique depuis 1912. Le divin Baron avait instauré une contrainte : pour le concours de saut d'obstacles, les chevaux doivent être tirés au sort pour chaque concurrent. Et la loterie apporte son lot de surprises.

En 2016, le Français Valentin Prades échoue à quelques encablures de la médaille de bronze. Celui qui est alors numéro 1 mondial de la discipline termine quatrième à l'issue de la dernière épreuve, le laser-run, un combiné entre le tir au pistolet et la course à pied. Mais le Cannois estime que c'est sa monture qui lui a valu de s'écraser au pied du podium. Une affaire de centimètres, explique le pentathlète, mais pas ceux qui lui ont manqué pour doubler son adversaire mexicain, troisième. Non, le problème, c'est la taille de son cheval… et la sienne : « J'ai eu un cheval que j'ai eu du mal à appréhender, un peu technique. Il était petit, moi j'ai des grandes jambes. » Prades a aussi commis beaucoup de fautes sur les cibles de l'ultime épreuve, il le reconnaîtra , mais cela ne l'empêchera pas de blâmer un canasson qui n'a pas pu lui répondre.

José Cardenal
en roue libre.

José Cardenal
Base-ball

DES HISTOIRES À DORMIR DEBOUT

Joueur, entraîneur, le Cubain a laissé une trace indélébile dans l'histoire de son sport. Pour ses statistiques, bien sûr, mais aussi pour sa coupe de cheveux inspirante et ses excuses... inspirées.

Né en 1943 à Cuba, José Cardenal a fait le bonheur d'une dizaine de clubs de la MLB, l'élite du base-ball américain dans les années 1960 et 1970. Un sacré batteur et un fieffé farceur. Sur les photos d'époque, impossible de manquer son sourire malin sous une coupe afro devenue légendaire jusqu'à la Maison-Blanche : en janvier 2017, Michelle Obama lui tomba dans les bras, avouant qu'il était son joueur préféré quand il défendait les couleurs des Chicago Cubs et qu'elle portait, elle aussi, sa casquette posée sur ses cheveux crépus. Mais la First Lady se souvenait sans doute aussi des saillies de Cardenal pour justifier ses absences, dont certaines sont passées à la postérité.

En 1972, le voltigeur de Chicago demande à son entraîneur de le retirer de l'équipe car, dit-il, il n'a pas pu dormir à cause de bruyants grillons qui auraient envahi sa chambre d'hôtel. Deux ans plus tard, ses problèmes de sommeil perdurent, mais cette fois aucun insecte n'est mis en cause. José Cardenal affirme que ses paupières sont restées ouvertes toute la nuit et que, au sens propre, il n'a pas pu fermer l'œil.

Jeff Tarango
Tennis

LES NERFS À VIF

Un coup de sang plus qu'une excuse. L'Américain a totalement disjoncté lors d'un match mal embarqué. Tarango a d'abord perdu un point puis c'est sa raison qui l'a abandonné lorsqu'il a accusé un arbitre français de corruption.

À Wimbledon, dans le temple de la retenue et du fair-play, le scandale est resté gravé dans toutes les mémoires. En ce 1er juillet 1995, Jeff Tarango, 80e joueur mondial, est mené une manche à rien et 2 jeux à 1 par l'Allemand Alexander Mronz.

Lorsque son service de gaucher est annoncé « faute » par l'arbitre de chaise, le Français Bruno Rebeuh, le Californien proteste : « C'est un ace, j'ai vu ça à la télé un million de fois. » Alors que le public s'agite, le joueur au caractère bien trempé s'exclame : « Oh ! Fermez-la ! » L'arbitre lui adresse alors un avertissement pour obscénité. « Ce n'est pas une obscénité ! hurle le joueur. Tu es l'arbitre le plus corrompu du tennis. » Et Rebeuh de rétorquer en le sanctionnant d'un point de pénalité pour injure. Tarango, hors de lui, reprend son sac et quitte le court n° 13. Une affaire prolongée par une voie de fait : Bénédicte, l'épouse française de l'Américain, gifle Bruno Rebeuh et lui lance : « Un jour, ça se retournera contre toi ! » L'arbitre sera mis hors de cause par une enquête de l'ATP, tandis que Tarango écopera d'une lourde amende et d'une suspension pour l'édition suivante du tournoi anglais. Vingt ans plus tard, ce sportif soupe au lait n'en démord pas : selon lui, cette rencontre était arrangée.

Tommy Docherty
Football

DROIT AU BUS

Tommy Docherty fut un manager mythique de Manchester United. Écossais comme le célèbre sir Alex Ferguson, son successeur au poste de manager de Manchester United. Tous deux aussi mauvais perdants et prolixes en excuses flamboyantes.

Tommy Docherty a connu une riche carrière de manager dans le football britannique et même une brève apparition à Porto. Après la Seconde Guerre mondiale, il a aussi joué à Arsenal, à Chelsea et a défendu les couleurs de la sélection écossaise. Mais c'est sans aucun doute son passage à Manchester United qui en a fait une légende du jeu… et de la mauvaise foi.

Car avant de remporter la FA Cup en 1977 face à Liverpool et de mettre fin à dix ans de disette des Red Devils, Docherty avait connu la relégation en deuxième division, peu de temps après son arrivée au club. Au lieu de blâmer la pauvreté du jeu de son équipe qui avait perdu lors de cette saison 1973-1974 la moitié de ses rencontres, il a rejeté la faute sur… le chauffeur du bus qui, selon lui, était arrivé plusieurs fois en retard les jours de match !

Docherty avait depuis longtemps le verbe haut et le déni facile puisque, vingt ans auparavant, alors qu'il était milieu de terrain de l'Écosse, qualifié pour sa

première Coupe du monde en Suisse, il avait blâmé les maillots en laine épaisse choisis pour affronter l'Uruguay: « Notre fédération a cru qu'il ferait froid à cause des montagnes suisses. Les Uruguayens portaient des tuniques légères avec col en V. C'est pour ça qu'on a pris 7-0. » L'histoire de Tommy avec Manchester se finira dans le scandale : limogé pour faute grave après la révélation de sa liaison adultérine avec la femme d'un des soigneurs du club. Difficile de tout cacher.

Duncan Hodge
Rugby

ACCIDENT DE TOITURE

Même quand il ne perd pas le match, un entraîneur peut trouver des excuses aux contre-performances de ses joueurs. Pour Duncan Hodge, c'est le vent mauvais de Nouvelle-Zélande.

La Coupe du monde 2011 s'annonce difficile pour l'Écosse. Le XV du chardon se retrouve dans la poule B avec l'Angleterre et l'Argentine. Le premier match contre la Roumanie est donc capital pour espérer une qualification en quarts de finale. Pour cette compétition, l'ancien demi d'ouverture Duncan Hodge est l'entraîneur chargé du jeu au pied et donc des pénalités et transformations.

Le 10 septembre au Rugby Park Stadium d'Invercargill, les Écossais frôlent une défaite humiliante et ne doivent leur salut qu'à deux essais dans les cinq dernières minutes alors qu'ils étaient menés de trois points. Lors de la rencontre, le buteur Chris Paterson manque deux pénalités et deux transformations.

Son coach vole à sa rescousse et attribue les échecs de l'arrière écossais au vent et à la pluie, sûrement pas à sa maladresse. « Chez nous, les matchs internationaux se déroulent dans des stades fermés », explique-t-il au mépris de toute réalité. L'Écosse sera éliminée pour la première fois dès les phases de poules après deux défaites. Sans foi, ni toit.

Carl Froch
Boxe

AVION AU SOL, BOXEUR AU TAPIS

Surnommé le Cobra, le boxeur britannique affirme qu'il déteste entendre des excuses de la part des perdants. Et pourtant, il en a trouvé une littéralement tombée du ciel.

En avril 2010, le champion du monde des super-moyens a rendez-vous au Danemark. Carl Froch remet en jeu sa ceinture mondiale WBC contre l'enfant du pays, le solide et tatoué Mikkel Kessler, surnommé le Viking Warrior. Les deux combattants font partie de l'élite de la catégorie et leur affrontement doit se dérouler au palais des expositions de Herning.

Un événement va cependant bouleverser l'Europe du Nord et permettre à Froch de faire passer sa défaite pour un accident de parcours. Car le Cobra perd son titre ce jour-là. Certes, il va au bout des douze rounds, mais le Danois est déclaré vainqueur à l'unanimité des juges. Un verdict qui ne passe pas pour le champion sortant : il accuse le volcan islandais Eyjafjöll d'avoir causé sa perte en dispersant un nuage de cendres dans l'atmosphère. Excuse fumeuse s'il en est !

« Mon vol vers le Danemark ayant été annulé, je me suis fait un barbecue, des burgers et des sodas. Mais la veille de la pesée, on a trouvé un vol privé et j'ai dû perdre du poids à toute vitesse en me plongeant dans un bain brûlant pour imiter un sauna. Cela m'a épuisé. » La défaite et les burgers du Cobra étaient trop durs à avaler.

Jürgen Klopp
Football

SORNETTES D'ALARME

Le brillant entraîneur de Liverpool accumule les victoires plus que les défaites. Tant mieux car ce mauvais perdant, à la moindre contrariété, débite des excuses en long, en large et en travers.

Fin tacticien, remarquable meneur d'hommes, perfectionniste, l'Allemand Jürgen Klopp a redonné des couleurs à Liverpool, vainqueur de la Ligue des champions en 2019 et du championnat d'Angleterre en 2020, ce qui n'était pas arrivé depuis trente ans. Les victoires réjouissent les supporters. Les contre-performances enchantent la presse anglaise qui ne manque jamais d'épingler les dérapages d'un stratège de mauvaise foi.

En janvier 2017, contre toute attente, Liverpool s'incline à domicile face à Southampton, 1 à 0. Jürgen prouve alors que le port du survêtement n'empêche en rien la dialectique : « Le vent était vraiment étrange, c'était difficile à gérer. Une ou deux fois, le ballon s'est arrêté à un moment où personne ne s'y attendait. C'était difficile pour notre équipe qui aime le jeu. »

Mars 2019, Liverpool-Everton, 2 partout. Jürgen accuse : « C'était un adversaire sauvage ! » Aucune allusion pourtant à la férocité de l'opposant !

« Le vent venait de toutes les directions. Cela contrarie le jeu, surtout quand le ballon était en l'air, ce qui est arrivé souvent. » Jürgen se plaint des vents contraires qui accablent son équipe. Il faut évoquer aussi la neige qui tombe, le froid glacial et une excuse sortie tout droit du congélateur. En 2019, Liverpool-Leicester, 1-1 : « Vous avez vu que le ballon n'a pas vraiment roulé. Quand vous avez la balle 70 à 80 % du temps, cela rend la vie vraiment inconfortable. La neige est un problème si elle reste sur le terrain. » Apparemment, la météo en veut à Liverpool en l'empêchant de développer son football fluide et rapide.

Trop neigeux en hiver ! Trop sec au printemps ! En avril 2018, Liverpool mène 2 à 0 sur le terrain de West Bromwich Albion avant de concéder, dans les dernières minutes, un match nul peu glorieux. Jürgen s'en prend au gazon : « C'était un match difficile, surtout que le terrain devenait de plus en plus dur. West Brom a évidemment décidé de ne pas arroser la pelouse à la mi-temps. Cela fait une énorme différence. Si, comme West Brom, vous envoyez le ballon constamment en l'air, vous n'avez pas besoin d'un terrain mouillé. »

Dans son sac à malice, on trouve aussi l'excuse de la maladie qui frappe son équipe, les blessures qui avantagent l'adversaire, l'arbitre qui siffle trop vite la fin du match. Sacré meilleur entraîneur du championnat d'Angleterre en 2020, Jürgen Klopp mériterait l'Oscar du bonimenteur pour l'ensemble de son œuvre.

Jürgen Klopp, toujours une excuse au bec.

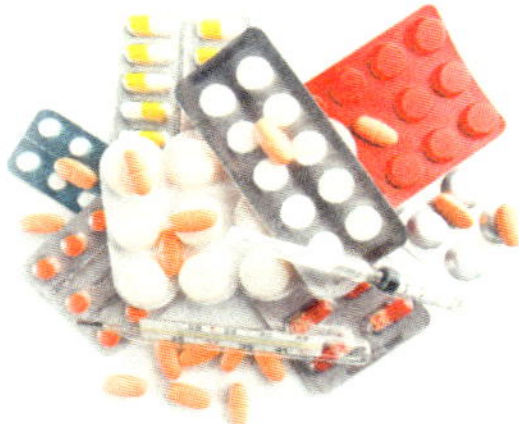

Karo Parisyan
MMA

TRAVAILLER MOINS POUR ENCAISSER PLUS

Chaud bouillant dans l'octogone, The Heat casse l'ambiance quand il justifie ses défaites, ses forfaits… ou sa consommation de médicaments.

Issu d'une famille arménienne installée aux États-Unis, Karo Parisyan vient aux sports de combat par le judo. Mais son rêve de jeux Olympiques et le sport amateur ne remplissent pas le frigo, alors le jeune homme se tourne vers une castagne plus lucrative, l'UFC, où ses talents dans l'art de la soumission font merveille !

Dans cette ligue d'arts martiaux mixtes (MMA), il remporte plusieurs titres en poids welter. Parisyan souffre de deux maux handicapants : une supposée addiction aux analgésiques, qui lui vaudra un contrôle positif et une suspension de neuf mois, mais aussi une fâcheuse tendance à dire n'importe quoi. Même le patron de l'UFC, Dana White, fustigera les « listes d'excuses » avancées par l'Américain pour refuser certains combats.

Son chef-d'œuvre date d'avril 2008 quand, au sommet de sa gloire, il est séché dès le 2e round par le Brésilien Thiago « Pitbull » Alves. Genou dans la tête, face contre terre, Karo essuie une volée de coups et l'arbitre arrête le massacre 34 secondes après la reprise. Furieux, le champion rejette le verdict et trouve un étonnant stratagème pour éviter de se remettre en cause : « J'ai trop de talent, dit-il. Je ne me suis presque pas entraîné et c'est pour ça que j'ai perdu. »

Antoine Griezmann

Football

AUDIO FANTAISISTE

L'attaquant de l'équipe de France n'est pas le genre à se cacher, d'habitude. Mais en Hongrie, il faisait vraiment trop chaud.

Pour l'Euro 2020 (reporté en 2021), les Bleus, champions du monde en titre, arrivent en favori avec leur impressionnante armada offensive, renforcée par le retour surprise de Karim Benzema. D'autant plus qu'ils ouvrent la compétition par une victoire en Allemagne à l'Allianz Arena de Munich mais devant un public restreint en raison de la jauge sanitaire. Grande performance, petite affluence, c'est le cœur du problème.

Car dès le match suivant, changement de décor : à Budapest, le stade est empli de 56 000 spectateurs déchaînés. Et cette fois-ci, la France est tenue en échec par de valeureux Hongrois, 1 partout. En ce 22 juin, la chaleur est écrasante dans la capitale magyare. Entre le bruit et la température, Antoine Griezmann, auteur du but égalisateur, va se perdre dans une justification éloignée de son élégance habituelle : « On avait perdu l'habitude d'un stade plein. On ne s'entendait pas. Le terrain était sec, il a fait chaud et lourd », explique Grizou dès la fin de la rencontre. Les tricolores seront éliminés en huitièmes de finale par la Suisse. C'est vrai qu'ils avaient du mal à s'entendre, mais ce n'était pas qu'une affaire de décibels.

Bill Furniss
Natation

L'EAU QUI TOMBE À PIC

Cet entraîneur britannique est une pointure des piscines. Il a permis à la natation britannique de briller aux JO de Rio. Mais quand ses protégés prennent le bouillon, ce diplômé en sciences du sport dégaine une explication... scientifique.

Les championnats du monde de natation 2013 tournent au fiasco pour la Grande-Bretagne. Les nageurs de Sa Majesté rapportent une seule médaille de Barcelone, du bronze pour Francesca Halsall sur 50 mètres nage libre. Un échec qui intervient après le bilan famélique des Jeux de Londres : seulement trois médailles à domicile.

Pourtant, Bill Furniss avait été appelé à la rescousse pour sauver la natation britannique. Et voilà qu'un an après c'est encore pire, malgré un nouvel entraîneur en chef, spécialiste de la performance. Le savoir-faire de ce technicien reconnu repose sur la psychologie et la confiance. Alors Furniss va dédouaner à la fois ses méthodes et ses athlètes en rejetant la faute sur l'eau de la piscine. Celle du centre d'entraînement de Sheffield qui, selon lui, serait trop rapide et « doperait » les résultats de ses nageurs. « Quand ils nagent dans d'autres bassins, ils ne parviennent pas à faire les mêmes temps », explique Furniss. Un phénomène qui s'expliquerait à la fois par la profondeur du bassin anglais mais aussi par la composition de l'eau, riche en ozone et en oxygène, donc plus flottante.

Dont acte : fini les sélections à Sheffield et la déprime des champions à l'étranger ! Est-ce le déni ou le déménagement ? En tout cas, trois ans plus tard, la natation britannique obtiendra son meilleur résultat depuis 100 ans, avec 6 podiums dont un titre olympique, au centre aquatique de Rio de Janeiro.

Bert Cooper
Boxe

UNE PARTIE PAS TRÈS FINE

Ce boxeur de Philadelphie a écrit la légende de son sport en mettant autant de cœur à détruire ses adversaires que sa propre vie. La drogue et les filles ont sans doute causé quelques-unes de ses 25 défaites en 64 combats. C'est en tout cas ce qu'il a prétendu pour l'une d'entre elles.

La mythologie de la boxe s'articule autour de deux grands thèmes : la rédemption (ou le retour) et la déchéance. Le combat Cooper-Foreman mêle les deux. Le 1er juin 1989 à Phoenix, George Foreman poursuit à 40 ans une seconde carrière, plus de dix ans après avoir connu la gloire et accumulé les ceintures de champion du monde. Face à lui, Bert Cooper, 23 ans, surnommé Smokin, en référence à son premier maître, Jo Frazier.

Cooper a une belle droite mais de sales manies. Ce soir-là, en Arizona, « Big George » distribue les pains et le jeune Bert encaisse. Vite et fort. Après un ultime crochet du droit, l'arbitre interrompt le massacre dès le deuxième round. Fin du bal, début du film.

Pour expliquer sa déroute, Cooper affirme qu'il est tombé dans un guet-apens fomenté par le camp adverse. Selon lui, des sœurs jumelles prostituées se sont

présentées à son hôtel et l'ont entraîné dans un tourbillon de débauche à base d'alcool, de sexe et de poudre blanche. « Je n'ai pas dormi pendant les trois jours précédant le combat », affirme-t-il. Ses propos sont en partie confirmés par le contrôle antidopage : positif à la cocaïne. Outre le combat, l'affaire lui fera perdre aussi une part de ses gains, mais cela ne l'empêchera pas de poursuivre sa carrière jusqu'à 44 ans, après un dernier come-back en 2010. Bert Cooper est mort à 53 ans.

1998
1998 Merci Arsène
OLD TRAFFORD '02
2002
TO THE NEXT CHAPTER
2002
2003
WHL '04
Arsenal.com
BAY AREA GOONERS
Arsenal
P38 W26 D12 L0
Arsenal.com/membership
Fly Emirates to the Indian Ocean
ADIDAS.COM
Fly Emirates to Africa
ARSENAL.COM

Arsène Wenger
Football

L'OUBLI BIENFAITEUR

Lors de sa carrière record de 22 ans à la tête d'Arsenal, le manager alsacien a empilé plus de 700 victoires. Mais aussi une bonne collection d'excuses.

Comme ses contemporains, Mourinho et Ferguson, Arsène Wenger est un mauvais perdant. La pression inhérente à la Ligue la plus riche d'Europe ainsi que sa médiatisation extrême expliquent sans doute cette concentration d'excuses rocambolesques, un vrai concours.

En 2017, Wenger reproche à un arbitre grec l'expulsion d'un de ses joueurs pour expliquer une cuisante défaite 5-1 à domicile contre le Bayern de Munich. Un classique. Wenger a aussi blâmé l'état de la pelouse, la tactique de ses adversaires, le calendrier, les ressources inépuisables du Chelsea de Roman Abramovich ou encore la jeunesse de ses joueurs. Mais l'ancien entraîneur de Monaco écrase toute concurrence avec un argument en béton armé, au sens propre. En effet, en juillet 2006, Arsenal déménage dans une nouvelle enceinte. Adieu Highbury, bienvenue à l'Emirates Stadium, 60 000 places, dans le nord de Londres. Le début de la saison n'est pas à la hauteur de l'investissement pour le récent finaliste de la Ligue des champions. Les deux premiers matchs dans le nouvel écrin se terminent par un match nul contre Aston Villa et Middlesbrough.

Sommé de se justifier, Wenger ose accuser l'ouvrage à 450 millions d'euros qui vient de sortir de terre ! « C'est lié à la méconnaissance de nos joueurs mais aussi au fait qu'une équipe qui vient au stade n'a pas de mauvais souvenirs. » Selon lui, les adversaires ne seraient pas traumatisés par d'anciennes défaites, donc plus performants. Difficile, en revanche, d'oublier une telle mauvaise foi.

Cindy Billaud
Athlétisme

MAUVAIS COULOIR

Ce n'est pas le tout de courir vite pour une hurdleuse. Il faut être bien placée… et pas seulement à l'arrivée !

Son surnom de Didy Curly (Didi la Bouclée) ne dit rien de sa vélocité. Depuis 2008, Cindy Billaud est l'une des sprinteuses les plus rapides de l'athlétisme tricolore. Cette année-là, elle franchit la barre des 13 secondes sur 100 mètres haies, sa spécialité. Deux ans plus tard, elle est championne de France pour la première fois puis en 2014 elle égale le record de Monique Éwanje-Épée vieux de 24 ans. C'est donc une sportive en pleine ascension qui se présente au Jeux de Rio en août 2016.

Cindy Billaud est qualifiée pour les demi-finales du 100 mètres haies. Pour celle qui a décroché une médaille d'argent européenne, la finale olympique est un objectif. Huit athlètes sont au départ de la troisième et dernière demie. Les deux premières sont qualifiées ainsi que les deux meilleurs temps. Mais le rêve de finale de la Française va s'écraser sur la réalité chronométrique : 6e en 13'03, Billaud ne sera pas parmi les huit qui se disputeront la médaille. Déception et amertume. Elle aurait pu se contenter de mettre l'accent sur le plaisir de participer malgré une préparation tronquée à cause d'une blessure. Mais Cindy Billaud trouve un motif plus flou : la chute de la Canadienne Holder, à côté d'elle. « Elle touche deux fois les haies, je crois, je ne sais pas trop où elle va du coup j'ai eu peur qu'elle me touche. C'est comme ça. J'aurais préféré avoir le couloir 3 mais on ne choisit pas ! »

Rio2016
Rio2016
MONDO

Dean Smith, Terry Venables
Football

LES MAUDITS DE LA COUPE

Outre ses adversaires, le footballeur doit vaincre d'autres difficultés pour parvenir à la victoire. Et la première d'entre elles se trouve sous ses crampons. Glissante, sèche, jaune, terreuse ou bosselée, la pelouse est un tapis très pratique pour cacher la défaite dessous.

Les stades britanniques sont réputés dans le monde entier pour la qualité de leur gazon. Un classement des meilleurs jardiniers du foot a même été établi, tant la nature du terrain joue un rôle important dans la fluidité du jeu de ballon et le confort de ses pratiquants.

C'est donc à la fois une lourde attaque et un sacrilège au royaume d'Angleterre que de rejeter la cause d'une défaite sur le divin tapis d'Albion. C'est pourtant ce crime de lèse-botanique qu'a commis le ci-devant Dean Smith, en 2018. Au sortir d'un échec à Leeds, l'entraîneur des Brentford Bees (« Les Abeilles ») piétine symboliquement l'herbe d'Elland Road, le stade de Leeds. Smith prétend que les brins étaient trop hauts, mal coupés, et que cela a nui à son équipe en ralentissant le jeu.

Piqué au vif par le chef des Abeilles, le compte Twitter de Leeds publie immédiatement une photo adressée à Brentford qui représente trois employés en train de tondre la pelouse incriminée avec ce commentaire : « Bon match, les gars, bravo ! »

L'humour et les jardins anglais sont de tels trésors nationaux que l'équipe nationale ne pouvait échapper à cette justification au ras des pâquerettes.

Mais l'herbe est-elle plus verte, et mieux taillée, ailleurs ? Au mois de mai 1996, à quelques semaines de l'Euro qui va se dérouler « à domicile » trente ans après la Coupe du monde, l'Angleterre s'envole, direction Hong Kong, pour une tournée de matchs amicaux. Une aberration dans une région où la chaleur et l'humidité atteignent des sommets. Déjà très critiquée par les tabloïds, la campagne d'Asie tourne vite au fiasco.

Pour leur deuxième rencontre, les hommes de Terry Venables affrontent un club local renforcé par quelques expatriés britanniques : la Hong Kong Golden Select XI. Les Anglais s'imposent péniblement 1 à 0 face à des quasi-amateurs et l'après-match tourne à l'orgie, immortalisé par les paparazzis : Paul Gascoigne et plusieurs joueurs sont photographiés ivres, à moitié nus dans un club de la ville, abreuvés de tequila au goulot.

De ce séjour mouvementé, le sélectionneur ne retiendra cependant qu'un constat : « La pelouse était trop haute, ce qui a gêné le jeu de passes de mon équipe. » Pas très crédible face à une formation qui aurait souffert en troisième division, selon les journalistes présents.

Tim Witherspoon
Boxe

LA FAUSSE RACLÉE

Deux fois champion du monde des poids lourds, ce boxeur de Philadelphie assure qu'il a fait exprès de perdre pour mettre fin à son contrat avec son promoteur, un certain Don King.

Tim Witherspoon fait partie de cette génération de boxeurs qui a éclos entre les règnes de Mohamed Ali, dont il a été le *sparring partner*, et Mike Tyson. « Terrible-Tim » a décroché deux ceintures mondiales dans la catégorie reine en 1984 et 1986. Il a donc attiré l'œil du plus célèbre et roué promoteur du noble art : Don King.

Son manager était le propre fils de Don, Carl. Et c'est bien là le cœur du problème. Car ce conflit d'intérêts aurait fait perdre beaucoup d'argent et un combat à Witherspoon. Dans sa biographie, *Terrible Times*, Witherspoon affirme que la défense de son titre WBA du 12 décembre 1986 a été sciemment sabotée… par lui-même ! Ce jour-là, au Madison Square Garden de New York, il affronte James «Bonecrusher» Smith. Le Briseur d'Os va mettre moins de 2'30 pour s'imposer : Witherspoon tombe trois fois au sol dans le premier round, ce qui, selon la règle de la WBA, signe le K.-O. technique. L'arbitre arrête le combat.

Le perdant écrit qu'il a calculé son coup car il ne voulait plus être lié à Don King qui, en cas de victoire, devait l'opposer à Mike Tyson pour unifier les ceintures mondiales. «J'ai élaboré un plan pour m'éloigner de Don. Je ne me suis pas entraîné dur et j'ai même pris de la cocaïne trois ou quatre jours avant le match. » Quelques années plus tard, Witherspoon obtiendra 1 million de dollars de Don King qu'il avait poursuivi, ainsi que son fils, pour escroquerie et conflit d'intérêts.

Barton Lui Pan-to
Patinage de vitesse

UN GRAND MOMENT DE SOLITUDE

Il avait tout pour connaître la gloire : premier athlète masculin de Hong Kong qualifié pour les Jeux d'hiver, porte-drapeau, ce patineur a rencontré une renommée internationale… pour une excuse en carton.

Ce 7 février 2014, Barton Lui Pan-to et son drapeau rouge frappé d'une fleur blanche défilent fièrement avec la délégation de Hong Kong. La délégation, c'est lui tout seul : il est l'unique représentant de son pays, enfin, de sa région administrative spéciale de la République populaire de Chine. Ce jeune homme de 20 ans va disputer le tournoi de patinage de vitesse sur piste courte (le short-track), discipline olympique depuis 1992.

Face aux Chinois, Russes, Coréens qui dominent la discipline, peu d'espoirs de médaille. Mais Barton est un gagneur et il va le prouver. Moins par sa performance que par ses commentaires. Car, dès la première série du 1 500 mètres, il prend la 5e place et est éliminé.

Dans un premier temps, Barton dit son bonheur d'avoir participé, puis s'épanche auprès d'une radio quelques jours plus tard : « Je me suis blessé peu avant la course

et, comme Hong Kong n'avait pas envoyé de médecin avec moi, je n'ai pas pu être soigné. »

En plus de cette blessure soudaine et opportune, le comité olympique hongkongais n'a pas apprécié la déclaration. Il a affirmé que son patineur avait eu droit à une visite médicale avant de partir et qu'il n'était pas question d'envoyer un médecin pour un seul athlète. Ajoutant que le service médical de la patinoire aurait très bien pu le prendre en charge.

Herol Graham, Mike Tyson
Boxe

L'AMOUR ET LE K.-O.

Les boxeurs ont souvent du mal à admettre leurs défaites. Certes, c'est une affaire d'ego autant qu'un impératif de communication, mais c'est aussi, pour Graham et Tyson, parce qu'ils ont un cœur sensible et la chair faible.

1987. Lorsqu'il se présente à la Wembley Arena pour affronter l'Italien Sumbu Kalambay, Herol Graham est un poids moyen invaincu. 38 combats, 38 victoires. Devant son public, le Britannique est là pour défendre sa ceinture européenne mais surtout se préparer pour les échéances mondiales. Le 26 mai, Graham est battu par décision unanime des juges par le futur champion du monde. Un combat qui « ressemble à une mauvaise bagarre », selon un journaliste. Mais Graham n'avait pas la tête à cela, expliquera-t-il. Il était perturbé par sa vie privée : « Je suis le mauvais côté d'un triangle amoureux », assure-t-il sans en dire plus sur les ressorts de ce drame intime et géométrique qui lui aurait fait perdre ses moyens sur le ring. Heureusement, ce n'était pas un octogone.

Pour un certain boxeur d'un tout autre calibre et au palmarès bien plus riche, le triangle est une figure trop étriquée. Avec Mike Tyson, la démesure est partout. Dans sa boxe, dans sa vie, sa notoriété et même dans ses excuses. Bref, c'est une légende. Une légende invaincue en 37 combats, lorsque, le 11 février 1990, il affronte James « Buster » Douglas.

Le match a lieu à Tokyo, et ne doit être qu'une formalité pour le champion du monde des poids lourds qui a détruit son adversaire précédent en 93 secondes sept mois plus tôt. Mais après 10 rounds, Buster provoque ce qui est toujours considéré comme l'une des plus grosses surprises de l'histoire du sport : Tyson au tapis, le protège-dents au coin des lèvres, incapable de poursuivre : K.-O.

Les 6 millions de dollars qu'il empochera n'aideront pas Tyson à accepter sa défaite. Il se trouve illico un prétexte : il aurait fait la fête pendant les jours précédant le combat et délaissé l'entraînement. « Même en ne dormant pas pendant cinq semaines, je gagnerai », avait-il confié à un ami.

Après le combat, histoire de redorer son blason et de se recharger en testostérone, il avance son appétit sexuel comme principal argument : « Je baisais des Japonaises comme je mange du raisin. » Un peu moins fleur bleue que le triangle amoureux.

Sebastian Peratta
Football

LE ROUX DE L'INFORTUNE

Qui de Sebastian Peratta ou de sa superstition était le plus mal placé ? Selon lui, la présence d'un homme roux expliquerait ses défaillances. Explication tirée par les cheveux.

27 mai 2012, les Newell's Old Boys affrontent San Lorenzo, en pleine lutte pour le maintien cette saison-là. Le duel tourne à l'avantage du club de Rosario : l'ex-équipe de Leo Messi mène 2-0 à la demi-heure de jeu et s'achemine vers un succès tranquille quand le match bascule en seconde période : les joueurs de Buenos Aires s'imposent finalement 3-2 à la 87e minute.

Inacceptable pour le portier des Newell's. Peratta affirme que c'est la présence d'un ramasseur de balle roux qui a fait basculer la rencontre. L'entraîneur de Rosario avait en effet demandé à ce jeune homme, Franco Robledo, de se placer derrière le but de Peratta, après la pause. Le technicien jure pourtant qu'il ne s'agissait en aucun cas de porter malheur au numéro 22 des visiteurs, juste de récupérer les ballons plus vite. Ce coup du sort vaudra tout de même à Franco et ses cheveux de feu le privilège d'occuper ce poste stratégique jusqu'à la fin de la saison.

Si Peratta avait su que, dix mois plus tard, l'un des plus fervents supporters de San Lorenzo, nommé François, deviendrait le premier pape argentin de l'histoire, il aurait sans doute reproché à Dieu d'avoir choisi son camp.

REMERCIEMENTS

Christophe Duchiron et Manuel Tissier
adressent leurs plus vifs remerciements
à tous les athlètes qui ont eu l'audace de remplacer
l'explication rationnelle de la défaite
par une justification qui transpire la mauvaise foi.
Ils tiennent aussi à souligner le sang-froid
des confrères journalistes qui ont consigné scrupuleusement
ces paroles d'exception sans être pris d'un fou rire.
Enfin, les auteurs encouragent tous les futurs vaincus
à se réfugier dans le déni et contribuer ainsi à servir
d'exemple à tous les mauvais perdants de la vie quotidienne.

Crédits photographiques

Toutes les photographies et illustrations de l'intérieur proviennent d'Alamy sauf :

Presse Sports, pages :
15, 18, 25, 33, 47, 48, 76, 89, 91, 121, 124, 131, 137, 139

Adobe Stock, page : 7

Shutter Stock, page : 23

Icon Sport, page : 65

D.R., pages : 13, 17, 27, 112

Direction
Jean-Louis Hocq

Direction éditorial
Jean-Philippe Bouchard

Direction d'ouvrage
Cécile Thomas

Édition
Maxime Lafon

Fabrication
Emmanuelle Laine

Photogravure
Chromostyle

FSC www.fsc.org
MIXTE
Papier issu de sources responsables
FSC® C003309